Carlos Henrique Sacramento dos Santos

Guarda Municipal da Cidade do Rio de Janeiro

"O Resgate de sua Brilhante Historicidade"

1934 - 1967

"Derrubando muros invisíveis"

EDITORA CIÊNCIA MODERNA

Guarda Municipal da Cidade do Rio de Janeiro – "O Resgate de sua Brilhante Historicidade"

Editor: Paulo André P. Marques
Produção Editorial: Dilene Sandes Pessanha
Capa: Daniel Jara
Diagramação: Daniel Jara
Copidesque: Equipe Ciência Moderna

FICHA CATALOGRÁFICA

SANTOS, Carlos Henrique Sacramento dos.

Guarda Municipal da Cidade do Rio de Janeiro – "O Resgate de sua Brilhante Historicidade"

Rio de Janeiro: Editora Ciência Moderna Ltda., 2024.

1. Controle policial / Segurança pública em relação à moral e costumes
I — Título

ISBN: 978-65-5842-408-6 CDD 344.05

Editora Ciência Moderna Ltda.
R. Alice Figueiredo, 46 – Riachuelo
Rio de Janeiro, RJ – Brasil CEP: 20.950-150
Tel: (21) 2201-6662/ Fax: (21) 2201-6896
E-MAIL: LCM@LCM.COM.BR
WWW.LCM.COM.BR

10/24

Agradecimentos

A Deus, por tornar possível alcançar este sonho.

Aos meus pais, Walter Alves dos Santos e Maria Aparecida Alves dos Santos (in memorian), que não mediram esforços para proporcionar um referencial educacional sabendo que este seria o maior legado dado.

À minha amada esposa Arli Barbosa dos Santos, pelo companheirismo, amor, dedicação e por ajudar na revisão deste livro.

Ao meu filho, Vinícius Barbosa Sacramento dos Santos, pelo incondicional apoio.

À minha irmã, Ana Lucia Sacramento dos Santos, pelo apoio e encorajamento.

Aos familiares e amigos, por fazerem parte da minha vida.

Sou grato especialmente a estas pessoas cujas histórias estão relatadas nesta obra e pelos memoráveis resultados que obtiveram em suas vidas.

Para finalizar, o meu agradecimento a VOCÊ por adquirir esta produção literária.

"A democratização da informação é fundamental para o crescimento de uma nação forte e esclarecida".

Carlos H. S. dos Santos

Resumo

Este trabalho tem por finalidade retratar para todos a essência da historicidade da pioneira em segurança pública no Brasil bem como realçar os fatos principais que nortearam a brilhante trajetória da Guarda Municipal da Cidade do Rio de Janeiro a partir dos anos 30, seu papel de proteção da população e da soberania nacional. Busca ainda, demonstrar que função da Guarda Municipal é de suma importância podendo suas atividades serem bem mais aproveitadas com sua integração aos órgãos de segurança pública.

É importante destacar que este trabalho não pretende se apresentar como definitivo, visto que a pesquisa acerca da historicidade da Guarda Municipal da Cidade do Rio de Janeiro é perene e se faz necessário até buscas arqueológicas onde as descobertas ensejam numa novidade a ser acrescida.

Para finalizar, o trabalho apresentado com primazia e simplicidade procura ser autêntico ao fim que se destina enquanto ferramenta de conhecimento histórico da pioneira em segurança pública no Brasil.

Sumário

Introdução

Uma das preocupações do Brasil desde sua criação ao período contemporâneo é o ordenamento urbano, fator gerador de bem estar social.

O espaço público necessita de uma força pública que promova cidadania, defesa do patrimônio coletivo, além de atuar de forma sistêmica com as demais forças de segurança pública, fomentando a gestão integrada dos entes federativos.

Neste diapasão a Guarda Municipal da Cidade do Rio de Janeiro transcende na história, quando falamos de uma instituição que é o braço forte da administração pública municipal para percepção de apoio aos demais órgãos públicos no cumprimento de suas atribuições que vão gerar melhor qualidade de vida para os munícipes.

No desenvolvimento deste trabalho, busca-se desmistificar a problemática quanto a esta instituição, que fez e faz história no cenário da segurança pública buscando assim que os agentes encarregados da aplicação da lei e da ordem desta, outrora capital da República, e a sociedade, conheçam e introspectem a historicidade desta corporação que está fincada no chão deste país continental chamado Brasil.

Num trabalho de remição histórico apresentamos os comandantes e comandados da corporação entre os anos 30 e 60 que conseguiram guiar a pioneira em segurança pública no país com o fito da perpetuação através do tempo.

É importante informar que boa parte do acervo histórico da Guarda Municipal da Cidade do Rio de Janeiro foi destruído durante um incêndio ocorrido no Arquivo Geral da Cidade e no Museu da Polícia Civil do Estado do Rio de Janeiro onde estavam guardados muitos materiais referente a Guarda Municipal da Cidade do Rio de Janeiro. Cumpre ainda lembrar que quando da transferência do Distrito Federal (capital do Rio de Janeiro) para o Planalto Central (Brasília) bem como a criação do Estado da Guanabara muitos documentos foram perdidos.

Pretendemos mostrar o quão foi importante para esta nação à criação deste órgão garantidor da lei cumpridor da ordem de polícia (uma das quatro fases da função de polícia) e sua relevância para manutenção de outras forças de segurança pública e órgãos da administração pública.

Assim, objetiva-se retratar as mudanças ocorridas na Guarda Municipal da Cidade do Rio de Janeiro bem como cultivar a preservação de sua história valorizando o servidor na busca de uma melhor motivação no clima organizacional, além de promover a reflexão sobre quão é importante a Corporação mostrando sua verdadeira historicidade.

Seguindo nesta esteira é que vamos retratar a historiografia desta quase ducentenária instituição a partir de 1930, quando o então Presidente da República Getúlio Dornelles Vargas, diante da crescente demanda dos Municípios incentivou a utilização de forças de segurança municipais, com o objetivo de cumprir a sanção de polícia (uma das quatro fases da função de polícia) exercendo o policiamento preventivo diuturnamente, além de atuar como força auxiliar as forças armadas com fito também de romper as práticas clientelistas e patrimonialistas dos governos passados. Neste diapasão o governo de Getúlio Vargas buscava possuir um Estado forte, interventor e absolutista que pudesse controlar grupos políticos de oposição.

Em 1930, no Rio de Janeiro, era o político Adolfo Bergamini, Interventor no então Distrito Federal do período de 24 de outubro de 1930 a 21 de setembro de 1931, que cumpria à risca as orientações de Getúlio Vargas principalmente quanto às necessidades do erário público municipal instituindo a que ficou famosa por ser chamada de "bergaminas" que na verdade eram títulos de crédito público e o fortalecimento da força de segurança pública municipal.

A prevenção delitiva era uma marcante característica deste período e a Guarda Municipal da Cidade do Rio de Janeiro (Distrito Federal) exercia na plenitude esse conjunto de ações que visam evitar a ocorrência do delito.

Neste período o governo de Getúlio Vargas entendia com clareza que a municipalização da segurança pública era uma solução benéfica para o país com dimensões continentais e que deveria possuir representação de força **policial municipal** em todos os rincões dessa nação.

A Polícia Municipal

Acompanhando o período de instabilidade que o país vivia antes da Proclamação da República, os anos 30 seguiam essa tendência e o Rio de Janeiro em 1934 era governado pelo Interventor Federal no Distrito Federal Pedro Ernesto Batista, sim, a capital do Rio de Janeiro foi capital da República e o Interventor através do Decreto nº 4.790, de 22 de maio de 1934, reedita a Guarda Municipal com a nomenclatura Guarda de Vigilância Municipal.

Decreto nº 4.790, de 22 de maio de 1934.

CRIA A GUARDA DE VIGILÂNCIA MUNICIPAL E DÁ OUTRAS PROVIDÊNCIAS

O Interventor Federal no Distrito Federal:

Usando dos poderes especiais que lhe são conferidos pelo decreto nº 19.458, de 5 de Dezembro de 1930, do Governo Provisório da República.

Decreta:

Art. 1º - Fica criada a guarda de vigilância municipal, que compreende a guarda noturna da Cidade, a guarda das repartições públicas municipais e guarda dos monumentos, dos parques e dos jardins públicos.

Parágrafo único – O Chefe do Executivo Municipal fica autorizado a acordar a passagem para a Municipalidade de todos os serviços até agora atribuídos às Guardas de Vigilantes Noturnos.

Art. 2º - O serviço de vigilância da Cidade, como especificado no Artigo 1º, compete à **Polícia Municipal**, departamento autônomo imediatamente subordinado ao Chefe do executivo Municipal e constituído por um Inspetor Geral, três Subinspetores, e por tantos funcionários e auxiliares quanto forem necessários, observados o disposto no parágrafo único do art. 1º.

Parágrafo único – O Chefe do Executivo Municipal, no regulamento que expedir fixará o número de funcionários e auxiliares com os vencimentos atribuídos aos serventuários de igual categoria da Municipalidade, estabelecerá condições para a admissão e outras que convenham ao serviço público.

Art. 3º - O Chefe do Executivo Municipal estabelecerá, para custeio de serviço de vigilância noturna dos prédios localizados no Distrito Federal taxas semestrais que serão pagas pelos respectivos proprietários, juntamente com o imposto predial.

Parágrafo único – As taxas de vigilâncias serão fixadas de acordo com a utilização dos prédios ficando desde logo estabelecido que a taxa máxima por prédio e por semestre será de Réis 180$000, e mínima de Réis 30$000.

Art. 4ª – O Chefe do Executivo Municipal abrirá os créditos, estornará as verbas e expedirá os regulamentos e instruções que forem necessários para a execução desta Lei.

Art. 5º - Esta Lei entrará em vigor na data da publicação do respectivo regulamento; revogadas as disposições em contrário.

Distrito Federal, 22 de Maio de 1934 – 46º da República.

Dr. Pedro Ernesto

Abaixo, segue matéria do Jornal Correio da Manhã de 16 de outubro de 1934, tratando dos novos uniformes da **Polícia Municipal** que foi submetido à aprovação do Ministro da Guerra.

SENSACIONAL! FANTASTICO IMPRESSIONANTE! NUNCA VISTO! COMOVENTE! EMPOLGANTE!

O FILHO DE KING KONG

HOJE NO BROADWAY

Correio dos Estados

SEX APPEAL 1934

EARL LESLIE

Figura 01 - Foto ilustrativa do Jornal Correio da Manhã

O Major Euclides Zenóbio da Costa e a Polícia Municipal

Figura 02 - Fonte: cemzenobio.blogspot.com.br

A promulgação do Decreto Federal nº 5.556, de 15 de maio de 1935, regulamentou de forma plena as atribuições, prerrogativas e competências da Guarda de Vigilância Municipal **(Polícia Municipal)** que era composta de 1.650 agentes encarregados da aplicação da lei e da ordem armados e subdividida em 01 Secretaria Geral, 01 Departamento de Educação Física e Instrução Militar e profissional, 05 Subinspetorias de Fiscalização, 01 Departamento Médico e 01 Seção de Fiscalização de Jardins e para comandar este importante corpo policial municipal o Interventor Federal e Prefeito do Rio de Janeiro (Distrito Federal) foi convidado mesmo estando na condição de aluno da Escola de Estado-maior do Exército, o Major do Exército Brasileiro, Euclides Zenóbio da Costa.

Comandando a Guarda de Vigilância Municipal/**Polícia Municipal** em 27 de novembro de 1935, o Major do Exército Euclides Zenóbio da Costa teve ação destacada ao terminar com um levante (Intentona Comunista) contra o governo do então Presidente Getúlio Vargas que acontecia no 3º Regimento de Infantaria do Exército que era situado na Praia Vermelha (bairro da Urca). Vale ainda destacar que em maio de 1936, Zenóbio da Costa foi promovido a Tenente Coronel do Exército.

O então Major Euclides Zenóbio da Costa comandou a Guarda de Vigilância Municipal do Rio de Janeiro/Distrito Federal **(Polícia Municipal)** de maio de 1935 até abril de 1936, sendo o seu **cargo de Inspetor Geral da Polícia Municipal do Rio de Janeiro**.

Logo que assumiu o cargo de Inspetor Geral nomeou 12 agentes para exercer cargo de confiança e estes eram conhecidos como os 12 homens de ouro de Zenóbio da Costa e foram distribuídos por 12 distritos de vigilância por todo Rio de Janeiro com a incumbência de ocupar o espaço territorial da cidade, tais como: Santa Cruz – Campo Grande – Bangu – Jacarepaguá – Méier – São Cristóvão - Praça Mauá – Glória – Botafogo – Largo do Machado - Copacabana.

Pela sua ação destacada frente a Guarda Municipal/**Polícia Municipal**, bem como no Exército Euclides Zenóbio da Costa conseguiu chegar ao posto de Ministro da Guerra no segundo governo do Presidente Getúlio Vargas.

Apresentamos abaixo a matéria do Jornal "O Imparcial" de 20 de agosto de 1935, tratando da inauguração do Posto da **Polícia Municipal** no bairro de Campo Grande. O então Prefeito Pedro Ernesto estava acompanhado do Coronel Zenóbio da Costa, Inspetor Geral da Polícia Municipal e na sua chegada foi saudado pelo Chefe do Posto Policial, Almeida Reis.

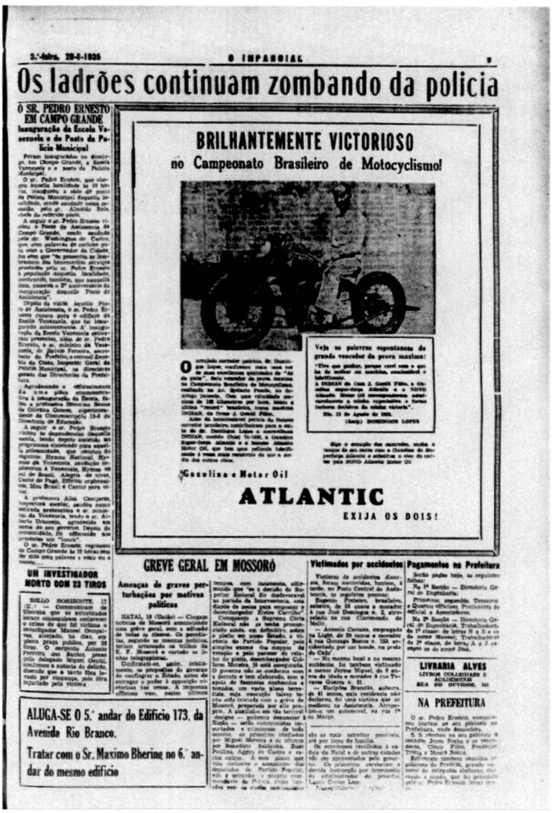

O IMPARCIAL

Os ladrões continuam zombando da policia

O SR. PEDRO ERNESTO EM CAMPO GRANDE

Inauguração da Escola Venezuela e do Posto da Policia Municipal

BRILHANTEMENTE VICTORIOSO

no Campeonato Brasileiro de Motocyclismo!

Gazolina e Motor Oil

ATLANTIC

EXIJA OS DOIS!

UM INVESTIGADOR MORTO COM 23 TIROS

GREVE GERAL EM MOSSORÓ

Ameaças de graves perturbações por motivos politicos

Victimados por accidentes

Pagamentos na Prefeitura

LIVRARIA ALVES

NA PREFEITURA

ALUGA-SE O 5.° andar do Edificio 173, da Avenida Rio Branco.

Tratar com o Sr. Maximo Bhering no 6.° andar do mesmo edificio

Figura 03 - Foto ilustrativa do Jornal "O Imparcial"

É importante ressaltar que a Polícia do Exército não existia na organização militar brasileira até o ingresso do Brasil na 2ª Guerra Mundial, quando seguindo os moldes da organização americana Euclides Zenóbio da Costa ao voltar para o Brasil, consegue a autorização do Exército Brasileiro para criar dentro das suas fileiras o Pelotão de Polícia Militar (MP). Porém, dado o desconhecimento quase absoluto do Exército sobre questões policiais, trânsito, tráfico entre outras, pensou-se em aproveitar de alguma corporação já existente que possuía a experiência necessária e como o militar Zenóbio da Costa havia comandado com maestria a Guarda Municipal da Cidade do Rio de Janeiro/ Polícia Municipal, ele resolve convocar 19 homens do Exército Brasileiro que se juntou a um **contingente de 44 voluntários, oriundos da Guarda Civil de São Paulo**. (A Polícia do Exército Brasileiro, p. 26).

O Marechal Zenóbio da Costa é o patrono da Guarda Municipal da Cidade do Rio de Janeiro, instituído pelo Decreto Municipal nº 13.588, de 9 de janeiro de 1995.

Figura 04 - Foto ilustrativa retirada do Salão Nobre da Guarda Municipal da Cidade do Rio de Janeiro

Este pesquisador que vos escreve entende a importância do Marechal Euclides Zenóbio da Costa para a Guarda Municipal da Cidade do Rio de Janeiro, entretanto, hoje sabemos através de vários registros que o guarda municipal Estevão de Almeida Chaves, o primeiro guarda municipal morto em combate na defesa da lei, da ordem e da pátria durante um motim na Fortaleza da Ilha das Cobras (hoje primeiro Distrito Naval - Praça Mauá), por possuir um Decreto Imperial, aclamação popular da época e seus feitos terem sido cantados em versos, trovas bem como em poesias, (Guarda Municipal do Rio de Janeiro para o Brasil, pág. 45/50) possui motivos bem robustos para ser o patrono da Guarda Municipal da Cidade do Rio de Janeiro, mas, como disse, essa visão pertence a este pesquisador.

A Polícia Municipal e Max Wolf Filho

Figura 05 - Fonte: Henriquemppfeb.blogspot.com

Max Wolf Filho ingressou na **Polícia Municipal** da Cidade do Rio de Janeiro / Distrito Federal no período em que Pedro Ernesto, então Prefeito do Distrito Federal do Rio de Janeiro, criou a **Polícia Municipal** em 1934, nomeando para o comando o Marechal Euclides Zenóbio da Costa (à época Major). Max

Wolf Filho era um dos 12 homens de ouro de Zenóbio da Costa e de sua total confiança para constituir uma **Polícia Municipal** que ocupasse todos os cantos da cidade do Rio de Janeiro.

Na **Polícia Municipal** da Cidade do Rio de Janeiro (Distrito Federal) Max Wolff participou da contenção da Intentona ou Revolta Comunista, entre 23 e 27 de novembro 1935, **e da Ação Integralista Brasileira, no ano de 1938.**

Max Wolf integrou a **Polícia Municipal** da Cidade do Rio de Janeiro atuando como Chefe de viatura, também exerceu a função de instrutor físico e de defesa pessoal permanecendo na instituição por mais de uma década e sendo desligado da corporação a pedido, em 1944, para ser voluntário na Segunda Guerra Mundial, se alistou na Força Expedicionária Brasileira, no campo de batalha era orgulhosamente chamado de "Rei dos Patrulheiros" e infelizmente foi ferido mortalmente na Batalha de Montese (Itália) em 12 de abril de 1945, deixando uma filha de nome Hilda Della Nina com 10 anos de idade.

Policial Municipal, Agenor Moreira Sampaio "Sinhozinho" e a Capoeira

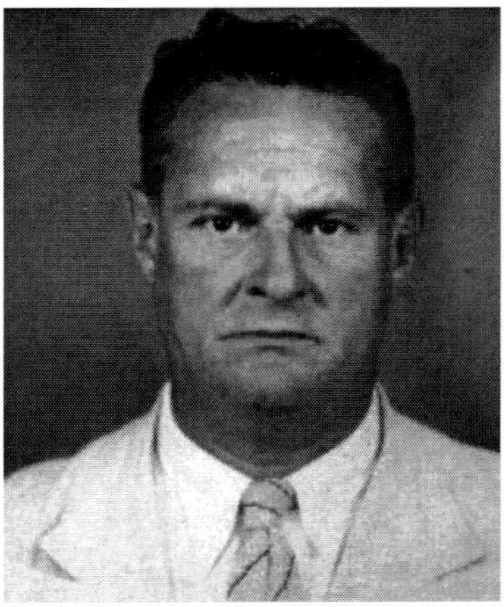

Figura 06 - https://www.capoeirashop.fr/pt/blog/agenor-moreira-sampaio-mestre-sinhozinho-n10

Agenor Moreira Sampaio, mais conhecido por "Sinhozinho" teve participação destacada em diversos gêneros desportivos de 1910 até 1950, onde formou campeões em halterofilismo, salto, remo, boxe, futebol e outros esportes onde o foco notadamente foi a capoeira e luta livre.

Ele atuou também como educador, preparador físico e técnico de diversos atletas de renome tendo como destaque Rudolf de Otero Hermanny, que possuía a alcunha de "Urso", educador físico, campeão brasileiro e pan-americano de judô por equipe, professor da UFRJ e preparador físico da Seleção Brasileira de Futebol na Copa do Mundo de Futebol de 1966.

Sinhozinho atuou como instrutor da primeira turma da Polícia Especial criada pelo Presidente da República Getúlio Dornelles Vargas e em 1935 ingressou na **Polícia Municipal** da Cidade do Rio de Janeiro laborando como Mestre de Capoeira e Preparador Físico até se aposentar como Oficial de Vigilância.

Abaixo, segue foto ilustrativa de "Sinhozinho" e Grupo do Pelotão de Choque da **Polícia Municipal** da Cidade do Rio de Janeiro antigo Distrito Federal.

Figura 07 - Fonte: https://rohermanny.tripod.com/

Foto ilustrativa que apresenta "Sinhozinho" e "Ciranda" com o efetivo da Guarda Municipal da Cidade do Rio de Janeiro (Distrito Federal).

Figura 08 - Fonte: https://rohermanny.tripod.com/

Agenor Moreira Sampaio faleceu em 1962 em Ipanema, sendo homenageado com um busto neste importante bairro da Zona Sul carioca.

Na Praia da Bica, bairro da Ilha do Governador, possui a Rua Agenor Sampaio também em homenagem ao Mestre de Capoeira e **policial municipal** "Sinhozinho".

Entre as inúmeras atuações de Agenor Moreira Sampaio, destacamos ter sido um dos fundadores do Centro de Cultura Physica Enéas Campello na Rua das Marrecas (Centro da Cidade), treinador no Helênico Atlético Clube (Rio Comprido) em 1924, treinador no América Futebol Clube (Tijuca) em 1926, no Clube de Regatas Boqueirão (Glória) em 1926, no Clube de Regatas do Flamengo (Gávea) em 1934 e no Fluminense Football Club (Laranjeiras) em 1936. Destacando que em todos estes clubes ministrou aulas de ginástica, atletismo, futebol e artes marciais com foco na capoeira e luta livre. Nessa esteira foi técnico, massagista, preparador físico e vencedor de diversos campeonatos de levantamento de pesos, halteres e de disputas de queda-de-braço. Como era exímio conhecedor de vários estilos de artes marciais atuou como árbitro de muitos combates.

Nos bairros de Ipanema e Tijuca criou academias e centros de treinamentos que ficavam em terrenos baldios. O quintal de sua casa na Rua Redentor foi a primeira academia de ginástica do bairro de Ipanema. O Clube do Sinhozinho ficava num terreno na Rua Almirante Saddock de Sá, 270, também em Ipanema, onde era praticado levantamento de peso, ginástica em aparelhos, boxe, luta livre, capoeira e demais modalidades de artes marciais.

Na sequência foto do Clube do Sinhozinho onde seus alunos treinavam.

Figura 09 - Fonte: https://rohermanny.tripod.com/

Vale retratar que mais uma vez apresentamos o destaque da Capoeira na segurança pública e através de Agenor Moreira Sampaio percebemos que ainda há muito o que se descobrir sobre sua capoeira voltada exclusivamente para o combate como ele instruía seus alunos e entre eles os policiais municipais seus companheiros de corporação.

A Capoeira é a primeira arte marcial a ser inserida na segurança pública e isso se deu num primeiro momento para combater as maltas que eram grupos de capoeiras (Nagoas e Guaiamuns) que se rivalizavam pelas ruas do Centro da Cidade no período imperialista e como praticavam a arte marcial com primazia as polícias tinham sérias dificuldades em manter a ordem, sendo assim, a solução apresentada foi a inserção da arte marcial Capoeira na segurança pública trazendo membros dessas maltas para integrarem as polícias da época e estes integrantes passaram a ser instrutores das corporações. Nesse diapasão "Sinhozinho" apresenta para **Polícia Municipal** da Cidade do Rio de Janeiro (Distrito Federal) a Capoeira de combate inserindo essa modalidade na corporação.

A legitimação da Polícia Municipal

Figura 10 - Foto ilustrativa retirada do livro Instruções Policiais, André Romero, 1935

Segue abaixo o Decreto Federal nº 5. 556, de 15 de maio de 1935, que ratificou a **Polícia Municipal** da cidade do Rio de Janeiro.

O Prefeito do Distrito Federal, Dr. Pedro Ernesto, usando das atribuições que a Lei lhe confere, decreta:

Art. 1º - A **Polícia Municipal** criada pelo Decreto Federal nº 4.790, de 22 de maio de 1934, é um Departamento autônomo imediatamente subordinado ao Chefe do Executivo Municipal, tendo como atribuições a vigilância diurna e a noturna da Cidade, na conformidade do Decreto que a instituiu.

Art. 2º - A **Polícia Municipal** é dirigida por um Inspetor geral, que terá como auxiliares imediatos um Assistente, cinco Subinspetores e um Consultor Jurídico.

Art. 3º - O cargo de Inspetor Geral será de confiança do Chefe do Executivo Municipal e encerrado, em comissão, por um oficial superior do Exército, o qual será instrutor geral da **Polícia Municipal**.

Art. 4º - Ao Inspetor Geral incumbi, além dos trabalhos especiais de que for encarregado pelo Chefe do Executivo Municipal:

- dirigir e fiscalizar os serviços de acordo com este regulamento e com as instruções que recebe ao Chefe do Executivo Municipal;
- manter a ordem e a regularidade dos serviços de acordo com este regulamento e com as instruções que receber do Chefe do Executivo Municipal;
- representar a **Polícia Municipal**;
- entender-se com o Chefe de Polícia sobre assuntos relativos a **Polícia Municipal**;
- entender, quando possível às requisições do Chefe de Polícia e do Diretor Geral de Investigações no que for necessário o auxílio da **Polícia Municipal**;
- impor penas disciplinares e administrativas, até 15 dias, aos funcionários, seus subordinados, por falta, devidamente apuradas de que venha a ter conhecimento direto, ou, mediante, em virtude de denúncia ou queixa apresentada por pessoa idônea;
- despachar, definitivamente, todos os processos e informar os recursos interpostos de seus despachos para o Chefe do Executivo Municipal;
- visar folhas de pagamento;
- baixar portarias e expedir instruções para fiel execução deste regulamento e, no que este for omisso, submeter à decisão do Prefeito as sugestões que tenham por fim resolver omissões do citado regulamento;

- assinar a correspondência da repartição;
- designar, na forma deste Regulamento, o pessoal necessário ao serviço, transferi-lo de uma para outra Subinspetoria ou Departamento;
- informar sobre o merecimento do pessoal;
- resolver sobre a competência do pessoal quando a respeito seja omisso este regulamento;
- determinar a prorrogação de expediente quando entender conveniente;
- abonar ou justificar as faltas do pessoal;
- licenciar o pessoal ou conceder férias, na conformidade das leis em vigor;
- representar ao Chefe do Executivo Municipal, sobre irregularidade ou delitos cometidos pelo pessoal quando a penalidade não caiba em sua alçada;
- intervir aos atos das autoridades administrativas, suspendê-los ou revogá-los, expondo em portaria os motivos determinantes dessa intervenção;
- atribuir, a qualquer subinspetoria, provisoriamente, por necessidade do serviço, encargos e trabalhos de outra subinspetoria;
- manter, relevar ou cancelar punições disciplinares ou administrativas impostas pelo Assistente ou Subinspetor;

Art. 5º - Ao Assistente compete auxiliar diretamente o Inspetor Geral, substituindo-o em seus impedimentos até 30 dias;

Art. 6º - A **Polícia Municipal** será constituída de:

- uma Secretaria Geral;
- um Departamento de educação Física e Instrução Militar e Profissional;
- Cinco Subinspetores de Fiscalização;
- Um Departamento Médico;

- Uma Seção de Fiscalização de Jardins.

Art. 7º A Secretaria Geral, subordinada ao Assistente e encarregada dos serviços de expediente, contabilidade, arquivo, estatísticas, cadastro e exame da situação militar dos empregados municipais e será composta de:

- Duas Seções:

1º - Expediente cadastro militar e arquivo;

2º - Contabilidade e estatística;

- do protocolo, anexo à 1ª seção, ao qual cabe registrar a entrada, saída e trânsito de todos os papéis que lhe forem apresentados.

DO DEPARTAMENTO DE EDUCAÇÃO FÍSICA E INSTRUÇÃO MILITAR E PROFISSIONAL

Art. 17 – O Departamento de Educação Física e Instrução Militar e Profissional, dirigido diretamente pelo Inspetor geral, será incumbido de:

- Educação Física;
- Instrução Militar;
- Instrução Profissional.

Art. 18 – A Seção de Educação Física cabe organizar e dirigir todo o serviço necessário para que aos servidores municipais, em horário que não colida com as obrigações dos cargos respectivos, e ao pessoal da Polícia dentro das horas do expediente normal, seja ministrada educação física racional e progressiva.

Parágrafo único – A Seção de Educação Física, que será dirigida por dois encarregados de nomeação efetiva, com os vencimentos de Chefe de Posto, terá tantos instrutores quanto forem julgados precisos, contratados dentre os técnicos, com autorização do Chefe do Executivo e mediante gratificação, que não poderá exceder quinhentos mil réis mensais, pelo menos arbitrada.

Art. 19 – A Educação Física ministrada terá por fim:

- favorecer o desenvolvimento físico por meio de uma educação sistemática e progressiva;
- despertar e desenvolver o sentido da saúde, criar hábitos higiênicos e procurar o desenvolvimento neuromuscular, sem sacrifício da própria harmonia das proporções;
- contribuir para a formação e aperfeiçoamento de hábitos de disciplina social e de qualidades morais como o espírito de iniciativa e solidariedade, a confiança em si mesmo, o domínio dos nervos e o cavalheirismo, que constituem o espírito desportivo;
- estimular o desenvolvimento mental, não só indiretamente melhorando as condições de saúde como diretamente, educando os sentidos, o movimento e a atenção e desenvolvendo rapidez do raciocínio e das decisões.

Art. 20 – A educação física será dada pela prática da ginástica sistemática, racional e progressiva, pelos pequenos jogos e exercícios educacionais e pelos grandes jogos, culminados pelos jogos esportivos, tendo-se em especial cuidado, os esportes individuais, ataque e defesa, natação, etc., não sendo, absolutamente, permitida a prática destes sem a necessária educação física preparatória;

Parágrafo único – Serão expressamente proibidas as especializações prematuras e as competições esportivas em que se exigem esforços prejudiciais à saúde.

Art. 21 – A instrução militar será ministrada:

- ao pessoal da **Polícia Municipal**, com o intuito de adestrá-lo no serviço das armas, de educar-lhe a energia e a disciplina, dando-lhe o senso da ordem, a consciência da responsabilidade e o respeito à hierarquia, pelos instrutores que forem julgados precisos, solicitados do Ministério da Guerra.

- a instrução profissional, destinada ao preparo profissional do pessoal da **Polícia Municipal**, ao mesmo será ministrada, exclusivamente, em horário previamente estabelecido e em harmonia com as necessidades do serviço.

Parágrafo único – Para a instrução profissional do pessoal serão, nos termos do parágrafo único, do art. 18, contratados os instrutores que se tornarem precisos.

Art. 22 – Poderão ser matriculados nas seções do Departamento de Educação Física e Instrução Militar e Profissional.

NA SEÇÃO DE EDUCAÇÃO FÍSICA

I – Os empregados municipais de qualquer categoria, efetivos, internos ou contratados, mediante requerimento;

II – O pessoal da **Polícia Municipal** por determinação do Inspetor Geral.

NA SEÇÃO DE INSTRUÇÃO PROFISSIONAL

I – O pessoal da **Polícia Municipal** obrigatória e exclusivamente mediante instruções oportunamente expedidas pelo Inspetor Geral.

Art. 23 – Aos encarregados de educação física compete;

- cumprir e fazer cumprir as ordens e instruções que receberem, não só relativamente aos serviços como ao pessoal que lhe for subordinado;
- propor a execução de todo e qualquer serviço que se torne necessário à perfeita organização e desenvolvimento da seção;
- propor a designação de auxiliares, justificando a sua necessidade imediata;

- informar sobre o abono e justificação de faltas do pessoal que lhe for subordinado;
- fornecer ao Inspetor Geral informações e esclarecimentos a respeito de todos os serviços a seu cargo;
- fazer por escrito, ao Assistente, devidamente justificados os pedidos de materiais necessários ao exercício das suas funções;
- ter sua guarda e manter em perfeito estado de conservação, todo o material pertinente à seção;
- organizar e apresentar à aprovação do Inspetor Geral, mensalmente, um "plano de serviço técnico", compreendendo:

1º- Número de turmas de praticantes e número de praticantes em cada turma.

2º - Índice de classificação levado em conta para admissão em cada turma.

3º - Trabalho a ser executado pelas turmas, com horário e dias determinados.

4º - Controle periódico dos resultados obtidos e índices a serem alcançados na terminação do regime anual.

5º - Medidas visando premiar os praticantes mais esforçados e que melhor resultados tenham obtido.

Art. 24 – Os instrutores da seção de instrução profissional, contratados na forma do artigo 21, parágrafo único, apresentarão ao Inspetor Geral, para a necessária aprovação, o plano mensal de instrução de acordo com o programa geral distribuído.

DOS GUARDAS VIGILANTES

Art. 38 – É fixado em 1650 o número de Guardas Vigilantes.

Parágrafo único – Aos Guardas – Vigilantes, cuja admissão ao serviço é feita sob o regime de contrato, renovável de 2 em 2 anos a juízo do Prefeito, exigir-se-á, como indispensáveis ao ingresso no quadro do pessoal contratado da **Polícia Municipal** os seguintes requisitos;

- ser brasileiro e reservista;
- ser maior de 18 anos e menor de 35;
- ser julgado apto para o serviço da **Polícia Municipal**, em inspeção de saúde a que seja submetido;
- - saber ler e escrever;
- ter conduta anterior irrepreensível, comprovada pelo Instituto de Identificação e Estatística Criminal, e pela D.G.I., desta Capital ou pelos Gabinetes de Identificação Criminal dos Estados;
- não ser funcionário nem empregado público;
- ter altura mínima de 1,67.

Art. 39 – São deveres dos Guardas:

- responder a revista em seu Posto, a hora marcada;
- receber aí as instruções que lhes forem dadas e segui-las;
- rondar ininterruptamente, os Postos, precisamente na zona que lhes for designada, com a maior atenção, pelo meio da rua e a passo lento;
- atender prontamente a qualquer chamado de moradores ou transeuntes, não deixando a sua zona de ronda senão em caso de força maior;
- acudir com urgência a qualquer pedido de socorro e tomar as providências imediatas;
- comparecer ao chamado de qualquer fiscal ou funcionário de ronda;
- prender e conduzir ao Distrito policial os indivíduos que:
- forem encontrados na prática de qualquer delito ou crime e os que vierem perseguidos pelo clamor público;

- forem encontrados com petrechos próprios para roubar;
- estiverem pronunciados à prisão e contra os quais houver sido expedido mandado de prisão e os que forem evadidos de prisão e desertores;
- derem causa, nas ruas e praças públicas, a qualquer acidente;
- que conduzirem armas proibidas, sem trazer consigo a necessária licença de autorização policial;
- que se encontrarem em lugares públicos na prática de atos imorais, que infringirem quaisquer posturas ou estiverem na prática de jogos proibidos ou apostas de qualquer natureza;
- estiverem perturbando o sossego público com vozerios, gritos, usos de instrumentos de ruído forte, etc., admoestados, não atendam;
- forem encontrados cobertos de andrajos, ofendendo o decoro público, ou denotem se empenhado em luta de qualquer natureza;
- forem vadios ou turbulentos os que estiverem em estado de embriaguez;
- proferirem palavras imorais;
- forem mendigos e tenham proporções físicas para trabalhar;
- estiverem na prática de depredações de qualquer natureza;
- demonstrarem alienação mental;
- forem encontrados dormindo na via pública ou em terrenos baldios;

Parágrafo único – Deverão também conduzir ao distrito Policial:

- menores que estejam perambulando pela ruas;
- quaisquer pessoas que lhes forem indicadas pelos moradores, desde que estejam dentro de casa;
- ladrões e vadios conhecidos ou pessoas contra as quais for levantada qualquer suspeita, fazendo acompanhar estas de quem houver prestado indicação.

Art. 40 – Em caso de prisão em flagrante deverão os Guardas testemunhar os fatos e fazerem-se acompanhar das testemunhas presenciais ao Distrito Policial, e em caso de crimes de qualquer outra espécie os Guardas deverão coligir todos os vestígios e provas, cuidado em que não sejam ocultados os instrumentos dos mesmos de modo a dificultar a sua apuração. No caso de arrecadar tais instrumentos, o fato com segurança. Quando o crime for praticado em casas particulares deverá ser interditado o local até que a polícia venha tomar conhecimento do fato, não permitindo que seja alterada a ordem dos objetos.

Art. 41 – Em caso de suicídio na via pública ou em casas particulares deverá o Guarda proceder de acordo com as instruções do Chefe do Posto.

Art. 42 – Os Guardas deverão observar cuidadosamente:

- o funcionamento da iluminação pública, avisando o Posto em caso de irregularidade e de ameaça de acidente;
- se há indivíduos parados junto ás portas, muros ou cercas interrogando-os e conduzindo-os ao Distrito Policial se forem inaceitáveis as explicações que derem ou se não as quiserem dar;
- se na zona de sua vigilância há qualquer ajuntamento ilícito ou sociedade suspeita, dando disso aviso imediato ao Distrito Policial;
- se no seu posto de vigilância existe algum prédio, cujas portas ou janelas de pavimentação térrea, em horas avançadas da noite, estejam abertas e sem luz, prevenindo o respectivo morador, e, se não atender ao chamado, comunicar o fato ao Distrito Policial;
- se transitam por seu Posto de ronda pessoas suspeitas, devendo acompanhá-las e recomendar a vigilância sobre elas ao Guarda do Posto de ronda imediato;
- tratar com urbanidade todas as pessoas a quem se dirigem e que a eles se dirigem, mesmo os que prenderem, não consentindo que lhes seja faltado o respeito e a consideração;
- a não ser em objetos de serviço o Guarda não poderá manter conversação e para por mais de três minutos a menos que esteja em observação;

- o Guarda não poderá tomar bebida alcoólica, sentar-se ou encostar--se durante as horas de ronda;
- impedir que haja ajuntamento em botequim, tabernas e outras casas de negócios, clubes ou sociedades e ajuntamentos que perturbem o sossego público, recorrendo ao Distrito Policial se não forem atendidos;
- atender aos chamados de seus companheiros mais próximos em caso de pedido de socorro, substituindo-os temporariamente em sua ausência até que volte ou lhe seja dado substituto;
- ordenar o fechamento de casas comerciais na hora certa, de acordo com as licenças que tiverem da Municipalidade;
- permanecer nos Postos que lhe forem designados, seguindo as instruções que lhes forem dadas em seus Postos;
- informar ao Distrito Policial, sobre o aparecimento de cadáveres na via pública ou no interior de casas, não consentindo que a posição dos mesmos seja mudada a não ser pela autoridade policial;
- comunicar igualmente a existência de qualquer caso suspeito, inclusive de moléstia contagiosa, existente em seu Posto;
- tomar o número de qualquer veículo que transgredir o Regulamento Policial ou as posturas municipais e dar ciência ao seu Posto, providenciando para que o Distrito Policial tenha conhecimento de qualquer acidente de veículos;
- prestar pronto auxílio quando, à noite, partirem gritos de socorro, penetrando nas casas e prendendo o malfeitor que será conduzido ao Distrito Policial, chamando ainda a Assistência se tornar necessária nos agredidos;
- penetrar nas casas que lhes forem franqueadas pelos moradores, a fim de reservá-las e de lá fazer retirar qualquer pessoa por eles indicada como delinquentes, suspeitas ou ameaçadoras de perturbação

da ordem ou segurança, conduzindo-a ao Distrito Policial com a parte queixosa;

- avisar, imediatamente, à assistência e ao Distrito Policial sempre que, em seus Postos, alguém for acometido de enfermidade repentina, ou quando encontrar algum enfermo, ferido ou espancado, carecendo de socorro médico; dando, antes que tal socorro venha, as providências de emergências, seguindo as instruções que receber;
- acompanhar até suas residências, as pessoas que, por qualquer motivo procedente, recorram a essa providência de segurança;
- atender aos moradores do perímetro de seu Posto de ronda, quando pedido ou seu auxílio, no recurso à farmácia ou chamamento de médicos ou parteiras, transmitindo o pedido a seus companheiros de vigilância quando o recado tiver de ser levado além dos limites de seu Posto;
- deter indivíduos que se tornarem suspeitos por conduzirem embrulhos ou volumes e, em caso de identificação dos portadores de tais objetos, não consentir em que transitem pelos passeios;
- impedir que os condutores de veículos transitem de modo a causar qualquer impedimento ao tráfego ou que os mesmos pratiquem atos indecorosos ou se perturbe o sossego público com vozerios ou algazarras, tomando-lhes o número em caso de desatenção ou desobediência;
- arrecadar, arrolando-os em presença de testemunhas, se as houver, todos os objetos, dinheiro, ou papéis que encontrar na via pública os tidos como roubados ou furtados, entregando-os ao Chefe do Posto para as providências precisas;
- comunicar ao posto qualquer enfermidade de que seja repentinamente acometido, pedindo substituto;
- tratar com todo o respeito os seus superiores hierárquicos e bem assim às autoridades civis e militares;

- ter em seu poder a sua caderneta regulamentar;
- comparecer sempre decentemente fardado, com rigorosa limpeza, ao serviço, usando o uniforme estabelecido pelo Chefe do Posto;
- observar rigorosamente o estabelecido neste regulamento, bem como as determinações contidas nas Portarias do Inspetor Geral;
- não fazer uso de suas armas senão em casos extremos de legítima defesa pessoal ou de terceiros.

Art. 43 – Os funcionários e mais empregados da **Polícia Municipal** serão passíveis das seguintes penalidades:

- Advertência ou repreensão;
- Suspensão com perda total de vencimentos;
- Demissão.

Parágrafo único – A advertência ou repreensão que poderá ser verbal ou por escrito, corresponderá à primeira falta de negligência, desobediência ou de comparecimento ao serviço sem prévio aviso e causa justificada; a de suspensão será imposta em caso de reincidência de faltas não justificadas e sujeitas às penas de advertência ou repreensão; a de demissão terá lugar nos casos previstos neste Regulamento e nas demais leis em vigor.

Art. 44 – Constituem justificativas dirimente de falta disciplinar:

- ter sido a falta cometida para evitar mal maior;
- ter sido praticado em legítima defesa pessoal ou de terceiros;
- ter sido praticado no legítimo interesse público.

Art. 45 – Constitui atenuante:

- circunstância de irrepreensível comportamento anterior do transgressor.

Art. 46 – São competentes para punir:

- - com advertência ou repreensão, ou Subinspetores e o Assistente;
- com suspensão, até 15 dias, mediante aprovação do Prefeito, o Inspetor Geral;
- com suspensão de mais de 15 dias até 3 meses, o Prefeito.

Parágrafo único – Das penalidades impostas pelo Inspetor Geral caberá recurso, dentro do prazo de 3 dias, para o Chefe do Executivo, e das que forem comunicadas pelos Assistentes e Subinspetores, caberá, dentro de igual prazo, recurso para o Inspetor Geral.

Art. 47- Os Guardas-Vigilantes serão admitidos ao serviço por designação do Inspetor Geral, mediante prévia autorização do Prefeito, e poderão a qualquer tempo ser dispensados do serviço, a pedido, por abandono de emprego, ou por ato do Inspetor Geral, aprovado pelo Prefeito.

Parágrafo único – São motivos para demissão:

- embriaguez e irregularidade de comportamento habituais;
- insubordinação ou desobediência às leis ou ordens emanadas dos seus superiores hierárquicos;
- desídia provada;
- impontualidade reiterada no comparecimento ao serviço;
- reincidência em negligência.

DA DISCIPLINA

Art. 48 – Os Guardas-Vigilantes e mais empregados constantes do quadro de pessoal operário atualmente em exercício na **Polícia Municipal** em virtude de nomeação, que completarem 10 anos de serviço contínuo à mesma **Polícia Municipal,** descontadas as faltas, e cuja conduta nesse lapso de tempo tenha sido irrepreensível, só poderão ser demitidos por abandono de emprego, a seu pedido ou em virtude de processo administrativo ou sentença judicial.

Parágrafo único – Antes de decorrido esse período, poderão eles ser em qualquer época demitidos pelo Chefe do Executivo, mediante proposta fundamentada do Inspetor Geral.

Art. 49 – Os Guardas-vigilantes ou qualquer empregado do quadro do pessoal operário, em exercício atualmente na **Polícia Municipal**, que houver sofrido penas de suspensão, que, reunidas atinjam a 24 dias, será demitido, pelo Chefe do Executivo mediante proposta do Inspetor geral, se tratar de empregado designado ou contratado.

§ 1º - O Ajudante de comandante de Guarda, que faltar à instrução militar, profissional ou física, sem prévia justificação ou motivo plenamente justificável, será suspenso por oito dias, com perda total de vencimentos.

§ 2º - Os empregados de que trata o parágrafo anterior, que sem causa justificada perante o Inspetor geral, tiverem 3 faltas, seguidas ou intercaladas, durante o mês, ficarão sujeitos à suspensão de até 15 dias, com perda total de vencimentos.

Art. 50 – Os Comandantes de Guarda, quando uniformizados, são obrigados a prestar continência:

- ao Chefe do Executivo;
- ao Inspetor Geral;
- ao Assistente;
- aos Subinspetores;
- aos Oficiais das Forças Armadas e outra autoridades.

Art. 51 – Os Ajudantes de Comandantes de Guarda são obrigados a, quando uniformizados, prestarem continências, além de às autoridades de que trata o artigo anterior, aos inferiores (Sargentos) das Forças Armadas e aos comandantes de Guarda.

Art. 52 – Os Guardas são obrigados a prestar continência:

- ao Chefe do Executivo;

- ao Inspetor Geral;
- ao Assistente;
- aos Subinspetores;
- aos Oficiais e inferiores das Forças Armadas;
- ao Chefe do Posto;
- aos Comissários;
- aos Comandantes de Guarda;
- aos Ajudantes de Comandantes de Guarda.

Art. 53 – Serão severamente punidos aqueles que, deixando de observar o que determinam os três artigos anteriores, não prestarem continência às autoridades a que eles se referem.

Para finalizar, registro que o histórico Decreto Federal nº 5.556, de 15 de maio de 1935, foi promulgado durante o Governo do Presidente Getúlio Vargas.

Verificamos que a Guarda de Vigilância Municipal dentro do decreto de sua criação era também chamada de **Polícia Municipal,** nomenclatura que foi brasonada nas armas que eram empregadas para uso dos agentes encarregados da aplicação da lei e da ordem.

Vale destacar o relato do guarda municipal Severino Mendes Rocha, integrante da **Polícia Municipal** em 1935, que na década de 40 manteve um contato estreito com o compositor Noel Rosa e contava que Noel ficava bebendo nas cercanias da Lapa até tarde da noite e para que este fosse para casa e ainda não estragasse as mesas de mármore (fazia parte do equipamento público daquele local) com seu batuque e aí emprestava o dinheiro para que o músico pegasse o bonde e seguisse rumo a sua casa.

Segundo ainda os relatos do guarda municipal Severino Mendes Rocha, a comediante Dercy Gonçalves vivia desacatando as autoridades de segurança pública e que depois de proferir xingamentos contra os guardas municipais (**policiais municipais**) ela abria o vestido e mostrava os seios, sendo assim, autuada em flagrante por atentado ao pudor. Outro que também foi autuado pelo policial municipal Severino Mendes Rocha foi João Francisco dos Santos, mais conhecido como Madame Satã (excepcional capoeirista).

Segue a seguir fotos ilustrativas da pistola 45, da marca Colt, carregador monofilar com capacidade para 9 munições e do revólver calibre 38 utilizados pela **Polícia Municipal** da cidade do Rio de Janeiro. Esta imagem fotográfica foi cedida pelo Policial Civil José Dias de Moraes que iniciou sua carreira na antiga Polícia Civil do Estado da Guanabara e durante o período ditatorial, a partir da edição do Ato Institucional nº 5, as armas da Polícia Municipal foram integradas à Polícia Civil, pois o referido Ato Institucional nº 5, extinguiu as Guardas Municipais e as integrou aos quadros da Polícia Civil ou do Corpo de Bombeiros.

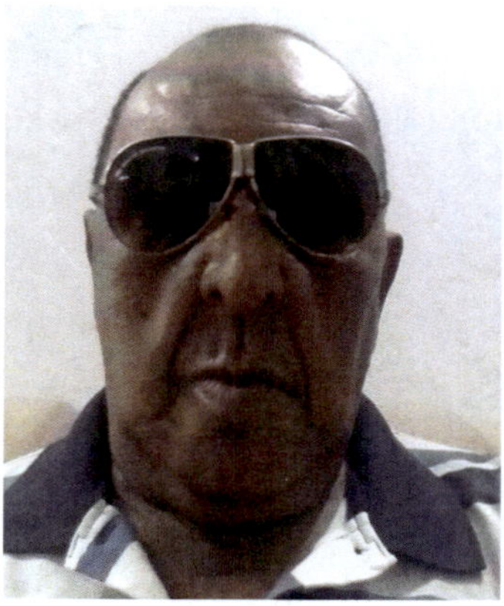

Figura 11 - Foto extraída do Faceboock do policial civil José Dias de Moraes

O Policial Civil Moraes, matrícula: 616.808-2, é um dos precursores dos Cursos da Polícia Civil do Estado do Rio de Janeiro e em especial o Curso Tático de Ação e Imobilizações - CTAI.

Nas fotos abaixo apresentamos a inscrição **Polícia Municipal** no corpo do ferrolho da pistola 45, da marca Colt e no revólver calibre 38 a inscrição **Polícia Municipal** está na armação entre as placas de empunhadura (cabo).

Figuras 12 e 13 - Imagens cedidas pelo Comissário de Polícia Civil Moraes

Figuras 14 e 15 - Imagens cedidas pelo Inspetor da Polícia Civil Moraes

Alfredo da Rocha Vianna Filho "Pixinguinha" e a Guarda Municipal da Cidade do Rio de Janeiro

Figura 16 - Foto extraída da sala de música da Banda da Guarda Municipal da cidade do Rio de Janeiro

Alfredo da Rocha Vianna Filho, conhecido como "**Pixinguinha" (apelido carinhoso dado por sua avó Edwiges, uma africana de nascimento, que o chamava de Pizindin (menino bom) no seu dialeto natal e tempo depois virou "Pixinguinha")** nasceu no Rio de Janeiro em 04 de maio 1897 e faleceu em 17 de fevereiro de 1973, foi maestro, flautista, saxofonista, cavaquinista, compositor, professor, arranjador e um dos maiores gênios da música popular brasileira e suas composições possuem fama internacional. Tanto assim que ele é considerado orquestrador que dá força regional à nossa música. Segue algumas de suas famosas composições: **"Carinhoso" – "Cochichando" – "Naquele tempo" – "Um a Zero" – "Rosa" – "Lamento" – Vou Vivendo" – "Ingênuo" – "Urubu Malandro" – Proezas de Solon – 'Segura ele" – "Pagão – "O Gato e o Canário" – "Ainda me recordo",** entre muitas outras.

Pixinguinha juntamente com Donga, João Pernambuco e mais cinco músicos foram integrantes do primeiro grupo musical brasileiro **"Os Oito Batutas"** a conquistar o reconhecimento internacional.

Em 02 de outubro de 1935, o então Prefeito do Distrito Federal, Dr. Pedro Ernesto Batista, através do Decreto nº 32, promulga a criação da Banda de Músicos da Guarda Municipal (**Polícia Municipal**) e da Escola de Polícia. Neste diapasão o Alcaide ainda sanciona a resolução sobre como funcionaria a Banda de Músicos da Guarda Municipal (**Polícia Municipal**) e empossa o primeiro mestre da banda o senhor Alfredo da Rocha Vianna Filho **"Pixinguinha"** que era funcionário do Departamento de Limpeza urbana – D.L.U (atualmente COMLURB) e foi deslocado para ser o Mestre da Banda.

Segue a seguir a fotografia do Alfredo da Rocha Vianna Filho **"Pixinguinha"** com o uniforme da Banda de Música da **Polícia Municipal** da Cidade do Rio de Janeiro. Foto esta extraída da sala atual da Banda de Música da Guarda Municipal da Cidade do Rio de Janeiro.

Figura 17 - Foto extraída da sala de música da Banda da Guarda Municipal da Cidade do Rio de Janeiro

A edição do livro "Instruções Policiais" da Polícia Municipal

A partir de agora passamos a relatar parte do que foi redigido no livro de instruções policias da **Polícia Municipal** da Cidade do Rio de Janeiro, escrito por André Romero, em 1935.

O livro é dividido em quatro partes: a primeira parte trata das noções gerais e elementares do direito Penal, na segunda parte trata de instrução policial, na terceira parte trata do guarda diante de determinados casos e na quarta parte trata de crimes, contravenções e infrações das posturas municipais mais comuns. Destacamos que o livro trata de forma robusta sobre as atribuições, prerrogativas e competências da **Polícia Municipal** do então Distrito Federal (Cidade do Rio de Janeiro) e trata de forma esplêndida a relação entre a **Polícia Municipal** e a Polícia Civil.

Destacamos também que a quarta parte do livro destinada à crimes, contravenções e infrações das posturas municipais mais comuns possui um capítulo de número 86º Capoeiras – Os que, por hábito, andarem armados em correrias, provocando tumulto e incutindo temor, quer aproveitando o movimento da população, em festas e solenidades públicas, quer em manifestações de regozijo e reuniões populares ou em outras quaisquer circunstâncias (cont...).

Insta informar que ratificamos o escrito anteriormente no que tange a Capoeira foi a primeira arte marcial a ser inserida na segurança pública no período Imperial e essa inserção aconteceu pela Guarda Municipal Permanente que tem sua certidão de nascimento em 14 de junho de 1831.

Segue abaixo fotos do livro "Instruções Policiais" que trata das atribuições, prerrogativas e competências dos **Policiais Municipais** da Cidade do Rio de Janeiro.

POLICIA MUNICIPAL

INSTRUÇÕES POLICIAIS

(PARA GUARDAS RONDANTES)

NA LEI PELA LEI

POLICIA MUNICIPAL

MANDADAS ORGANIZAR
PELO EXMO. SR. TENENTE - CORONEL
EUCLYDES ZENOBIO DA COSTA, INSPETOR
GERAL DA POLICIA MUNICIPAL

ANDRÉ ROMÉRO

Rio de Janeiro
1935

Figura 18 - Fonte: books.google.com.br

PRIMEIRA PARTE

CAPÍTULO I

NOÇÕES GERAIS E ELEMENTARES DE DIREITO PENAL

O DIREITO, A JUSTIÇA E A POLICIA

1º DIREITO: Formados os primeiros agrupamentos humanos, ainda em mal esboçada sociedade, surgiu, nascido de necessidades irredutíveis, e, mesmo, do próprio instinto de conservação, o Direito, delimitando a liberdade de cada um em beneficio da liberdade de todos.

E, através dos séculos, em evolução continua, ratificando-se e retificando-se, o Direito vem traçando normas de conduta nos indivíduos, para existência destes em coletividade.

O Direito é abstrato. Para concretisa-lo na realidade, crearam-se a justiça e a Policia. Aquela é um todo; a expressão viva do próprio Direito; e esta uma parte desse todo, dessa expressão.

2º JUSTIÇA E POLICIA: - A Justiça e a policia objetivam o mesmo fim; a defesa social, fixando na pratica, e cada uma na orbita de suas fun...

Texto retirado do livro "Instruções Policiais", pág. 07

DA LEGITIMA DEFESA

19º LEGITIMA DEFESA: - Para que seja justificada a legitima defesa, deverão intervir, conjuntamente, em favor de quem a exerceu os seguintes requisitos (Cons. L. Penais, art. 34.º):

I) – Agressão atual;

II) – Impossibilidade de prevenir ou obstar a ação ou de invocar e receber socorro da autoridade publica;

III) – Emprego de meios adequados para evitar o mal e em proporção da agressão;

IV) – Ausencia de provocação que ocasionasse a agressão (Cons. L. Penais, art. 34.º).

Estudemos cada uma dessas condições:

I) – AGRESSÃO ATUAL – A agressão precisa ser atual, isto é, começada ou iminente.

Considera-se, portanto, iniciada a agressão, não só quando o agressor exerce a violência, mas, também, deixa revelar, através átos inequívocos, os seus desígnios. E, assim, não é necessário tenha começa...

Texto retirado do livro "Instruções Policiais", pág. 16

SEGUNDA PARTE
CAPÍTULO I

DA POLICIA EM GERAL

23.º POLICIA: - A humanidade primitiva não possui policia. Era o cáos, a violência, o domínio do mais forte.

Quando a vida social se tornou mais complexa, surgiu, imperiosa, a necessidade da policia. Cabe-lhe, na sociedade, uma missão suprema; a de ser a infatigável, enérgica e incorrutivel guardiã das pessoas, dos bens, dos indivíduos, da sociedade, enfim.

Confiando em sua eficiencia e honra, é que as sociedades trabalham com a tranquilidade necessária nos grandes surtos de civilisação e vida. Sem policia seria o regime da violência, a abolição de todas as garantias, a destruição de todas as grandes conquistas do espirito e de força humana.

24.º MISSÃO DA POLICIA: - A missão da policia é manter a ordem publica.

No exercer sua ação, a policia é preventiva e repressiva.

25.º POLICIA PREVENTIVA: - Prevenir o crime e a contravenção, em todas as suas multiplas...

Texto retirado do livro "Instruções Policiais", pág. 21

CAPÍTULO II
DA POLICIA MUNICIPAL

28.º POLICIA MUNICIPAL: - A Policia Municipal creou-a o decreto nº 4.790, de 22 de Maio de 1934.

O serviço da Policia Municipal é, imediatamente, dirigido por um Inspetor Geral, sob a orientação suprema do prefeito do Distrito Federal.

Além do Inspetor Geral são orgãos componentes da instituição:

1.º) – Um Assistente;

2.º) – Uma Secretaria, com o respetivo pessoal;

3.º) – Cinco Sub-Inspetorias, com os Auxiliares necessários;

4.º) – Trinta e seis postos, com Chefes, Comissarios, Escriturários e Fiscais;

5.º) – Os Guardas da Policia Municipal.

A Policia Municipal é, apenas, preventiva. E, assim, o desdobrar de suas atribuições não pode ir além de medidas marcadamente preventivas e termina no ponto exato onde começa a ação de policia repressiva.

A parte repressiva, cumpre exerce-la a Policia Civil.

A esta, e só esta, é permitido, por suas autoridades competentes, executar os atos caracteristicos da policia repressiva: autuar ou processar os infratores da lei, realizar as diligencias que necessárias se tornem para obter as provas afim de habilitar, dessa forma, a Justiça a cumprir sua alta missão.

E, também, da competência da Policia Municipal zelar pelo cumprimento do Codigo de Posturas.

RELAÇÃO ENTRE A POLICIA MUNICIPAL E A POLICIA CIVIL

29.º A POLICIA MUNICIPAL E A POLICIA CIVIL: - O finalismo da Policia Municipal e da Policia Civil é um único: - a manutenção da ordem e da segurança publica.

Distintas, embora, as duas instituições se integralisam nesse objetivo.

A' Policia Municipal compete, apenas, executar a policia preventiva: evitar, por meio de hábil e incessante vigilância, o crime. A Policia Civil tem a ação mais ampla: - realisa, simultaneamente, a policia preventiva e repressiva, isto é, além de lhe caber obstar as infrações, reunir, em autos de flagrante ou de inquéritos, os elementos de prova contra os delinquentes e encaminhar o fáto delituoso á justiça, para esta proferir a decisão final.

Consumada qualquer infração da lei, é dever, igualmente, da policia Municipal intervir, executando as primeiras providencias exigidas em cada caso. Sua interferencia, porem, não irá além disso. E sua atuação cessará, logo que a policia civil tome conhecimento do fáto, para realizar a ação repressiva.

Texto retirado do livro "Instruções Policiais", pág. 23 e pág. 24

43.º SE O CRIMINOSO SE OMISIAR NUMA CASA: - Entrando o criminoso numa casa – isso durante o dia (das 6 ás 18 horas) – o guarda segui-lo-á até ali e prende- lo-á. Durante a noite (das 6 da tarde ás 6 da manhã) o guarda não poderá penetrar em residencia alheia. Pedirá ao morador do prédio licença para ali ingressar e efetivar a prisão. Não sendo atendido, vigiará as saídas da casa, na medida do possível, e fará avisar á Delegacia local, para que esta, na pessoa das suas autoridades e dentro das formalidades da lei, proceda ao arrombamento da porta. (V. Infra n.º 57).

44.º AGRESSÃO AO GUARDA: - Agredido, cumpre ao guarda defender-se. Defender-se sem exceder-se. E' preciso que atente, e muito que a sua defesa precisa estar enquadrada nos requisitos que a lei estatue para legitima defesa.

Assim, no caso, o guarda precisa.

1.º) – estar sendo realmente agredido;

2.º) – impossibilitado de invocar ou receber socorro de seus companheiros ou de qualquer autoridade publica;

3.º) – exercer a defesa na medida da necessidade, isto é, fazer, apenas, o mal necessário para neutralisar a agressão. (V. Supra, nº 19).

45.º QUANDO O GUARDA PODE USAR DE SUA ARMA; - E' esta, inegavelmente, uma questão da mais remarcada relevancia para os guardas.

Não raro, se nota a falta do necessario criterio em certos policiais ao fazerem uso de suas armas.

Alheiados dos seus deveres, esquecidos da sua missão...

Texto retirado do livro "Instruções Policiais", pág. 37

QUARTA PARTE

CRIMES, CONTRAVENÇÕES E INFRAÇÕES DE POSTURAS MUNICIPAIS

A

74.º ABORTO – Provoca-lo, havendo, ou não, a expulsão do fruto da concepção (c.).

75.º ABUSO DE AUTORIDADE – Cometer qualquer violencia no exercicio das funções do emprego, ou a pretexto de exerce-las (C).

76.º AGUA – De uso comum ou particular; corrompe-la ou conspurca--la, tornando-a impossível de beber ou nociva á saúde (c.).

- Ninguem poderá lançar, á rua corpos sólidos ou líquidos, que possam prejudicar ou enxovalhar a quem passa (post.).

77.º AMEAÇAS – Prometer ou protestar, por escrito assinado, ou anonimo, ou verbalmente, fazer a alguem um mal que constitue crime, impondo, ou não qualquer condição ou ordem (c.).

Texto retirado do livro "Instruções Policiais", pág. 71

Verificamos nos textos retirado do livro "Instruções Policiais" do ano de 1935, que a Guarda Municipal da Cidade do Rio de Janeiro (**Polícia Municipal**) exerceu papel de destaque ao desempenhar suas atribuições para proteção sistêmica da população carioca e seus visitantes, sendo este cartapácio um norteador para o cumprimento do ordenamento jurídico pátrio.

A busca para atuação conjunta entre a Polícia Municipal e a **Polícia Civil** foi outro fator de destaque narrado nestemanual e serve de exemplo para contemporaneidade.

O Diretor da Guarda Municipal Capitão Amauri Kruel

Figura 19 - Fonte: https://www.eb.mil.br/o-exercito/biografia-dos-antigos-comandantes

Nos idos de abril de 1936, quando o Prefeito era Cônico Olímpio de Melo, um padre que portava pela cidade com uma peixeira (faca apropriada para corte e limpeza de peixe) na cintura com o fito de se proteger do criminoso-delinquente. Diante da narrativa exposta o Alcaide nomeia para ser o Diretor da Guarda Municipal o então Capitão do Exército Amauri Kruel que tinha ligação próxima com o grupo do Euclides Zenóbio da Costa.

O Diretor da Guarda Municipal da Cidade do Rio de Janeiro, Amauri Kruel era considerado amigo dos guardas municipais e trabalhou muito em prol do crescimento institucional da pioneira em segurança pública no Brasil de forma plena e podemos destacar a melhoria de acessórios para o uniforme;

integração do sistema policial com a Polícia Civil; melhoria da qualidade dos armamentos, munições e insumos bélicos; criação do Curso de Defesa Pessoal para ser aplicado no Ginásio que existia dentro da Quinta da Boa Vista bem como o estande de tiro que era muito utilizado para o aperfeiçoamento técnico profissional dos agentes encarregados da aplicação da lei e da ordem.

Outra mudança positiva que aconteceu no comando do Amauri Kruel foi a modificação da escala de serviço que antes os guardas municipais trabalhavam cumprindo a jornada de três noites de labuta e folgavam por vinte quatro horas e em sua gestão a escala passou a ser duas noites trabalhadas por vinte quatro horas de folga.

Amauri kruel foi comandante da Guarda Municipal da Cidade do Rio de Janeiro até 17 de março de 1937 e tal como Zenóbio da Costa, Amauri kruel ascendeu ao cargo de Ministro da Guerra e, por conseguinte foi promovido a Marechal.

Depois da saída da Guarda Municipal da Cidade do Rio de Janeiro, Amauri Kruel criou o Serviço de Contrainformação do Estado Maior da 1ª Divisão de Infantaria Expedicionária; foi Assessor Militar do Brasil na Organização das Nações Unidas; Embaixador na Bolívia; Chefe do Gabinete Militar da Presidência da República, Ministro da Guerra; Chefe de Polícia do Departamento Federal de Segurança Pública e Deputado Federal pelo Estado da Guanabara de abril de 1967 até janeiro de 1971. Teve ainda destaque ao solicitar equipamentos e assistência técnica aos Estados Unidos para área policial. Amauri Kruel faleceu em 1996.

Podemos perceber que o Exército teve participação perene na estruturação, integração, interação e consolidação das atribuições, prerrogativas e competências da Guarda Municipal da Cidade do Rio de Janeiro e isso acontece desde antes de 1831.

A Guarda Municipal e o Vereador Lourenço Mega Figlio

Figura 20 - Foto extraída do Salão Nobre da Guarda Municipal da Cidade do Rio de Janeiro

O engenheiro Henrique Dodsworth Martins de Castro, em 1937, era o Prefeito da Cidade do Rio de Janeiro (Distrito Federal) e nomeou para comandar a Guarda Municipal da Cidade do Rio de Janeiro **(Polícia Municipal)** o vereador, advogado Lourenço Mega Figlio, o único não militar a comandar a instituição durante o período de 1930 até 1967.

É salutar informar que o advogado Lourenço Mega Figlio ingressou na Polícia do Rio de Janeiro pelos idos de 1930, ocupando os cargos de Interventor da Guarda Noturna (Guarda Municipal) e de Subinspetor, porém, é no início do Estado Novo que começa sua projeção na corporação quando é nomeado Inspetor da Polícia Municipal trabalhando junto ao Secretário Geral do Interior e Segurança Átila Soares.

Em 1937, a instituição pioneira em segurança pública no país dispunha de mil e cem agentes garantidores da lei e da ordem em seus quadros e logo que assumiu a gestão da Guarda Municipal Lourenço Mega anunciou o concurso público para o preenchimento de 150 vagas.

É importante salientar que infelizmente durante o comando do Lourenço Mega muitos guardas municipais morreram vítimas da tuberculose por conta do excesso de trabalho noturno. Essa gestão também foi caracterizada pela escala exaustiva de trabalho durante três dias e no dia de folga tinham que treinar a ordem unida carregando pesados armamentos.

Lourenço Mega Figlio era austero, de poucas palavras e seu relacionamento interpessoal para com os guardas municipais era mínimo, o contrário de seus antecessores.

Vale destacar a determinação para colocar o efetivo da Guarda Municipal para efetuar a segurança pública durante a Feira Internacional de Amostra realizada na Esplanada do Castelo que hoje é o Aeroporto Santos Dumont. O evento que teve a participação de todos os países do mundo à época, e esses representaram seus povos com artefatos, instrumentos, peças regionais.

A Feira Internacional de Amostra teve grande repercussão global, sendo um momento de visibilidade para a instituição bem como a prova da capacidade técnico-profissional da Guarda Municipal no provento de forma cabal da segurança pública para os munícipes, turistas nacionais e internacionais.

A seguir, segue a matéria de um jornal de julho de 1938, que trata de um desfile cívico onde da sacada do Palácio do Catete o então Presidente do país, Getúlio Vargas, assiste ladeado do Prefeito da Cidade do Rio de Janeiro (Distrito Federal), Henrique Dodsworth; o General Pinto então Chefe de seu Gabinete Militar; o Comandante Átila Soares, Secretário de Interior e Segurança e Lourenço Mega, Comandante da **Polícia Municipal**.

A reportagem ilustrativa retrata que a população e autoridades presentes apreciaram o garbo com que desfilou a **Polícia Municipal** e ainda fala da disciplina reluzente da corporação e a presteza na proteção sistêmica da população atuando sempre com abnegação.

Figura 21 - Ilustração cedida pelo Guarda Municipal da Cidade do Rio de Janeiro, Carlos Henrique Soares Frescurato

Em 1940, Lourenço Mega Figlio passa a exercer o cargo de Diretor de Segurança do Distrito Federal, porém essa diretoria sofre uma reestruturação administrativa e passa a ser chamada de Departamento de Vigilância ficando subordinada à Secretaria do Prefeito.

Nesta ocasião, Lourenço Mega Figlio foi destaque pelo combate aos crimes políticos bem como aos crimes de natureza comum e também realizou exercícios junto a população para uma eventual necessidade de defesa da cidade por conta da Segunda Guerra Mundial.

Em 1946, ainda no serviço público municipal teve uma breve passagem pela Comissão que elaborou Regimento do Departamento de Vigilância da Secretaria Geral do Interior e Segurança.

Ingressou no Partido Republicano em 1947, aposentou-se em 1961 e a partir daí passou a viver dos rendimentos provenientes de imóveis que possuía no Rio de Janeiro vindo a falecer no começo da década de 1980.

Coronel do Exército Carlos Amorim, a Guarda Municipal e o desmonte das favelas

Figura 22 - Foto extraída do Salão Nobre da Guarda Municipal da Cidade do Rio de Janeiro

No dia 29 de outubro de 1945, o então Prefeito do Distrito Federal (Cidade do Rio de Janeiro), o engenheiro Hildebrando de Araújo Góes, nomeia como Diretor da Guarda Municipal, o Major do Exército Carlos Amorim.

Sob seu comando a Guarda Municipal da Cidade do Rio de Janeiro foi muito acionada para atuar junto com outros órgãos no desmonte de favelas e neste diapasão foram removidas a Favela da Hípica (hoje Hospital da Lagoa) – Favela do Jockey Club na Lagoa Rodrigo de Freitas (onde ficava o Tivoli

Park) – Favela do Morro dos Cabritos que era propriedade do Almirante Alcebíades Gomes de Almeida (hoje Corte do Cantagalo) e a Favela da Areinha no Leblon (hoje Mercado Pão de Açucar).

Figura 23 - Foto ilustrativa retirada do Auditório da Academia da Guarda Municipal da Cidade do Rio de Janeiro

Figura 24 - Foto ilustrativa retirada do Auditório da Academia da Guarda Municipal da Cidade do Rio de Janeiro

Figura 25 - Foto ilustrativa retirada do Auditório da Academia da Guarda Municipal da Cidade do Rio de Janeiro

Figura 26 - Foto ilustrativa retirada do Auditório da Academia da Guarda Municipal da Cidade do Rio de Janeiro

Figura 27 - Foto ilustrativa retirada do Auditório da Academia da Guarda Municipal da Cidade do Rio de Janeiro

Figura 28 - Ilustração cedida pelo GM Carlos Henrique Soares Frescurato – GMRIO

A Lei nº 63 de 18 de novembro de 1947, da Prefeitura do Distrito Federal (Cidade do Rio de Janeiro), transforma a **Polícia Municipal** em Polícia de Vigilância do Distrito Federal.

Figura 29 - Ilustração cedida pelo GM Carlos Henrique Soares Frescurato – GMRIO

Presente na memória afetiva não só dos cariocas, mas também, dos brasileiros, a final da Copa do Mundo de 1950, no Maracanã, entre Brasil e Uruguai que arrastou 200 mil torcedores para o maior estádio do planeta Terra, recém-inaugurado. Oficialmente, 199.854 mil espectadores assistiram à maior tragédia do futebol brasileiro — a derrota da seleção canarinho por 2 a 1.

Pelas roletas, porém registrou 173.850 pagantes, o que tornou a partida a de segundo maior público na história do Maracanã. Ou seja, até nas bilheterias, a final da Copa do Mundo de 1950 foi vice-campeã.

Nesse período a Guarda Municipal da Cidade do Rio de Janeiro tinha como gestor público o Coronel do Exército Carlos Amorim que comandou a instituição com primazia, alocando mais recursos financeiros para modernização da corporação.

A Polícia de Vigilância (Guarda Municipal) teve presença histórica na final da Copa de 1950, pois foi quem efetuou a segurança pública tanto interna quanto externa (ao redor do estádio e ruas próximas bem como Quinta da Boa Vista e estendia até o bairro da Tijuca), não sendo registrado nenhum tipo de ocorrência de grande vulto registrado na delegacia policial e bem sabemos que perdemos a final da Copa do Mundo dentro do nosso país, nosso maior estádio e com superlotação. Registramos ainda que o Comandante da Guarda

Municipal, Carlos Amorim incumbiu à força de elite da corporação que atuasse no entorno do estádio. Essa força de elite era composta de praticantes de artes marciais, bem armados, utilizavam escudos para Ações de Controle de Distúrbios Sociais e viaturas acondicionadas para o bom desempenho da força de elite.

Figura 30 - Estádio Mário Filho (Maracanã)

Visando melhorar ainda mais a segurança da capital o Gestor Carlos Amorim determinou que fossem realizadas conferências e seminários com o fito de aumentar o cabedal de conhecimento dos guardas municipais. A Escola de Vigilância que funcionava na Rua do Resende, 92 (Centro da Cidade) foi aperfeiçoada visando preservar a história da Guarda Municipal da Cidade do Rio de Janeiro e neste diapasão foi também inaugurado a galeria dos Comandantes sendo muito divulgado pela imprensa da época.

A seguir segue a foto da edificação onde era a sede da Escola de Vigilância que funcionava na Rua do Rezende nº 92, local é próximo ao Sambódromo, Batalhão de Choque da Polícia Militar do Estado de Rio de Janeiro e também da Academia da Polícia Civil.

Figura 31 - Foto cedida pelo Subinspetor GM Carlos Henrique Sacramento dos Santos – GMRIO

Carlos Amorim concretizou inúmeros benefícios para instituição e pediu exoneração sendo logo transferido para a Secretaria Geral de Administração do Distrito Federal onde ocupou o cargo de Delegado Fiscal.

Destacamos que o Carlos Amorim foi o único Diretor do período pós Império que comandou por duas vezes a Guarda Municipal em 1945 e em 1951.

No período Imperial o Marechal Polidoro da Fonseca Quintanilha Jordão comandou a Guarda Municipal Permanente no período de 1841 até 1844 e ainda de 1846 até 1856. (Guarda Municipal do Rio de Janeiro para o Brasil, pág. 103)

Constatamos nestes breves relatos a preocupação do gestor público na construção e manutenção de uma instituição pública forte com a finalidade de defender sua população, proporcionar uma melhor qualidade de vida estando sempre pronta para qualquer chamado visando a incolumidade pública e preservação da ordem.

A segurança cidadã era exercida plenamente pela Guarda Municipal e fazia parte do planejamento estratégico desenvolvido pela corporação bem como pela prefeitura.

Coronel Hidelbrando Moreira e as mudanças na escala de serviço

Figura 32 - Foto ilustrativa retirada do Salão Nobre da Guarda Municipal da Cidade do Rio de Janeiro

Ao ingressar no comando da Guarda Municipal em 1949, o Coronel do Exército, Hidelbrando Moreira teve um desafio pela frente que era a carga horária considerada excessiva para os guardas municipais. O serviço no inverno era executado no horário de 22h30min às 5h30min, durante três dias seguidos com um dia de folga e não aguentando mais a situação um grupo de guardas municipais procurou o então Vereador Manoel Novella, guarda municipal eleito por sua corporação, para que ele intercedesse junto ao comando da instituição com o fito de melhorar a escala de labor, haja visto que a atual prejudicava em demasia a saúde dos agentes encarregados da aplicação da lei e da ordem.

Buscando melhorar a condição de saúde institucional Coronel Hidelbrando Moreira, buscou informações com o Serviço Médico da Guarda Municipal ouvindo os médicos Souza Aguiar e Jorge Brum que conseguiram convencê-lo sobre o horário adverso em que os guardas municipais eram submetidos. Diante dos fatos o problema foi levado ao General Ângelo Mendes de Moraes, na época Prefeito do Distrito Federal (Cidade do Rio de Janeiro) que imediatamente atendeu as reivindicações dos guardas municipais. Aproveitando a oportunidade de estar com o Prefeito da Cidade do Rio de Janeiro, Hidelbrando Moreira conseguiu um aumento salarial para a categoria que ficou muito agradecida. Segundo alguns guardas municipais o Diretor Hidelbrando Moreira foi o melhor gestor que a corporação teve.

A gestão de Hidelbrando Moreira também foi marcada pela conclusão da remoção da Favela da Hípica iniciada no comando do Major do Exército, Carlos Amorim.

Hildebrando Moreira, Diretor da Guarda Municipal, passou o posto para o Major do Exército, Carlos Amorim em 1950, e pediu passagem para reserva do Exército.

A Polícia de Vigilância sob comando do Tenente Coronel Francisco Adolfo Rosas

Figura 33 - Foto ilustrativa retirada do Salão Nobre da Guarda Municipal da Cidade do Rio de Janeiro

Na gestão do Prefeito do Distrito Federal (Cidade do Rio de Janeiro), engenheiro João Carlos Vidal, foi nomeado como Diretor da Polícia de Vigilância, o então Tenente Coronel do Exército Francisco Adolfo Rosas, um gaúcho do Município de São Sebastião do Caí e amigo com grande grau de intimidade junto ao Presidente da República, Getúlio Vargas.

O Prefeito João Carlos Vidal, publicamente, enalteceu a proficiência, dedicação, aplicação e zelo no desempenho de suas atribuições no que tange ao Diretor Francisco Adolfo Rosas à frente da Guarda Municipal.

Na saída do Diretor Francisco Adolfo Rosas da Guarda Municipal, o Prefeito do Distrito Federal (Cidade do Rio de Janeiro), João Carlos Vidal, transcreveu o ofício nº 62 de 12 de fevereiro de 1952, segue parte do texto: **"Ao deixar o Ten. Cel. Francisco Adolfo Rosas a direção da Polícia de Vigilância, cumpro o dever de comunicar a V. Exa que o referido oficial prestou com inteligência, dedicação e lealdade, reais serviços no exercício de suas funções, coadjuvando eficazmente a administração, confirmando assim o alto conceito de que goza de chefe disciplinando o disciplinador cuja competência profissional e serena energia o impõem sempre à admiração de seus subordinados."...**

Vale destacar que o referido documento foi enviado para o Ministro de Estado dos Negócios de Guerra, General de Divisão, Newton Estillac Leal.

Através de sua proficiência no comando da corporação esta possuía uma ótima relação com o Alcaide e por conseguinte suas reivindicações quanto a melhoria institucional era atendida com celeridade pela administração pública. Nessa esteira a instituição gozava de prestígio junto aos órgãos da prefeitura bem como da população que é o maior cliente do servidor público.

Coronel de Exército, Oswaldo Melquíades de Almeida, a Guarda Municipal e o incidente da Rua Toneleiros

Figura 34 - Foto ilustrativa retirada do Salão Nobre da Guarda Municipal da Cidade do Rio de Janeiro

O Alcaide do Distrito Federal, Coronel do Exército Dulcídio do Espírito Santo Cardoso, ao assumir o cargo convidou seu companheiro de caserna Coronel de Exército Oswaldo Melquíades de Almeida, para assumir o posto de Diretor da Guarda Municipal e este se destacou por seus projetos de assistência social entre outras ações institucionais.

Fato marcante e de grande relevância no país foi o atentado que feriu o então Jornalista Carlos Lacerda, o guarda municipal Sávio Romeiro e ainda teve como vítima fatal o Major da Força Aérea, Rubens Florentino Vaz.

Abaixo, segue a foto de Carlos Lacerda saindo do Hospital Municipal Miguel Couto no bairro do Leblon e sendo conduzido por soldados da Polícia da Aeronáutica após atentado sofrido.

Figura 35 - Fonte: memorialdademocracia.com.br

Carlos Lacerda, um dos principais opositores do Governo de Getúlio Vargas, tinha iniciado sua campanha a Deputado Federal e como havia sido ameaçado de morte algumas vezes, um grupo de oficiais da Aeronáutica, correligionários, decidiram servir-lhe de segurança durante seus comícios. No dia 4 de agosto após o término de um desses comícios, o jornalista Lacerda voltou para casa acompanhado de seu filho Sérgio, de quinze anos, no automóvel do Major-Aviador Rubens Florentino Vaz e ao chegar à Rua Toneleiros nº 180, os três saltaram do veículo e, se despediram e uma pessoa que depois se apurou estar num taxi, surgiu das sombras e disparou vários tiros. O Major que estava desarmado, mas tentou se defender, porém foi atingido no peito por duas balas disparadas de uma pistola calibre 45 (de uso exclusivo das Forças Armadas) e morre a caminho do hospital. Nesse interim, Carlos Lacerda levou seu filho para a garagem do prédio e verificou que estava ferido, o guarda municipal Sávio Romeiro que executava o policiamento preventivo na rua onde residia o Diretor da Guarda Municipal, Oswaldo Melquíades de Almeida que era vizinho do prédio em frente do Carlos Lacerda ao ouvir os disparos em sua direção sacou de sua arma um revólver calibre 38, da marca Colt, revidou a injusta agressão disparando contra o agressor que fugiu num táxi, mas mesmo ferido o agente encarregado da aplicação da lei conseguiu anotar a placa do veículo coletivo, o Comandante da Guarda Municipal, Oswaldo Melquíades de Almeida, ao ouvir também os disparos desceu armado do prédio e encontrou ferido na rua o seu subordinado o socorrendo. Devido o tirocínio policial aflorado de Sávio Romeiro, dias depois os agressores foram presos e no dia 8 de agosto, o comando da Aeronáutica assumiu as investigações prendendo no mesmo dia Gregório Fortunato, Chefe da Guarda Pessoal do Presidente da República Getúlio Dornelles Vargas que foi apontado como mandante do crime confessando sua participação.

A seguir segue a reportagem do Jornal O Globo tratando do atentado sofrido por Carlos Lacerda que foi ferido junto com o guarda municipal Sávio Romeiro e que ceifou a vida do Major Rubens Florentino Vaz.

«Para Honra Da Nação Brasileira, Confio Que Esse Crime Não Ficará Impune»

O ATENTADO CONTRA CARLOS LACERDA

MORTO AO SEU LADO UM OFICIAL DA AERONÁUTICA E FERIDOS O COMBATIVO JORNALISTA E O VIGILANTE MUNICIPAL QUE TENTARA PRENDER UM DOS CRIMINOSOS

O GLOBO

Figura 36 - Fonte: Memória O Globo

Na sequência mais uma reportagem tratando do atentado sofrido por Carlos Lacerda, seu filho Sérgio, o Major da Aeronáutica Rubens Florentino Vaz e o guarda municipal Sávio Romeiro, no dia 4 de agosto de 1954.

DISPAROU 6 TIROS EM CARLOS LACERDA

Diario Carioca

ATINGIDO NO PÉ: MORTO UM AMIGO

LETRA 'O' E QUINQUÊNIO PARA AS PROFESSÔRAS

Os bondes e o trânsito

Figura 37 - Fonte: memorialdademocracia.com.br

Ainda em 1954, sob o comando de Oswaldo Melquíades de Almeida, a Guarda Municipal teve seu Pelotão de Choque muito bem equipado, armado e sendo composto por 120 guardas municipais. Insta informar que naquela época o comando da instituição estimava um efetivo de 15 mil guardas municipais para atender toda demanda de segurança pública que existia na cidade.

O Comandante da Guarda Municipal era muito querido pelo efetivo, sobretudo por ter a preocupação constante com a assistência social que era prestada aos guardas municipais.

Ascenção da Guarda Municipal sob o comando do Major Milton Luiz Kluge

Figura 38 - Foto ilustrativa retirada do Salão Nobre da Guarda Municipal da Cidade do Rio de Janeiro

O engenheiro Alim Pedro, Prefeito do então Distrito Federal, solicita em conversa com alguns oficiais do Exército um nome de militar para comandar a Guarda Municipal da Cidade do Rio de Janeiro, sendo assim, O Ministério da Guerra, em 1955, convoca para comandar a instituição pioneira em segurança pública no Brasil, o Major do Exército, Milton Luiz Kluge.

Logo ao assumir, Kluge aprimorou o condicionamento físico dos guardas municipais, dinamizou a administração funcional da Escola de Polícia, fardamentos novos foram distribuídos aos agentes garantidores da lei e da ordem, os serviços médicos e odontológicos eram executados com mais funcionalidade atendendo um maior número de guardas municipais e a condição financeira foi mais bem remunerada.

Essas medidas na área administrativa, pessoal e técnico profissional foram percebidos pela população que passou a tratar a instituição com mais respeito e carinho especialmente nos subúrbios onde a Polícia quase não se fazia presente e a partir dessa gestão a instituição era vista pela população durante o dia e a noite.

Nesse período o Prefeito Alim Pedro autorizou a realização de concurso público para a Guarda Municipal e o efetivo foi progressivamente aumentado e sendo assim, a sociedade passou a ser melhor atendida e neste diapasão solicitou mais veemência a presença da Guarda Municipal nos bairros. Nesta época o poder era mais próximo do povo, visto que além dos abaixo-assinados que em quantidades chegavam ao comando da instituição pedindo a presença da Guarda Municipal e ainda davam sugestões de como poderia ser empregado o efetivo nos bairros contemplados com as guarnições da corporação.

Ao deixar o comando da Guarda Municipal Milton Luiz Kluge, foi nomeado Chefe do Serviço de Polícia do I Exército e, subsequentemente, seu nome foi aprovado para batizar a Turma do Curso de Adaptação de Detetive da Escola de Polícia da Secretaria de Segurança Pública do Estado da Guanabara em 1968.

As reformas do Coronel Adhemar Rivermar de Almeida

Em 9 de maio de 1956, o Doutor Lydio Manga que havia substituído o Diretor Milton Luiz Kluge, passa o comando da Polícia de Vigilância do Distrito Federal para o Coronel Reformado do Exército, Adhemar Rivermar de Almeida que em sua primeira ação de comando a frente da Guarda Municipal foi mandar fazer nas confecções contratadas pelo serviço público que os uniformes fossem sob medida e que fossem pagos duas ou três vezes ao ano. Registramos que o Prefeito Negrão de Lima pagava um preço muito bom para confecção dos uniformes da corporação.

Figura 39 - Foto ilustrativa retirada do Salão Nobre da Guarda Municipal da Cidade do Rio de Janeiro

O comandante da instituição logo percebeu que as empresas responsáveis pela confecção dos uniformes deixam a desejar no material entregue e determinou que os fiscais do contrato atuassem de forma plena para que os uniformes chegassem com as especificações determinadas e após dura cobrança as empresas se ajustaram e os uniformes chegavam sem problemas de ajustes a serem executados pelos guardas municipais.

O vereador, guarda municipal, Manoel Novella, eleito pela corporação, defensor da categoria e que fazia parte de um grupo de seis vereadores conhecidos como "Grupo Independente" que era a maioria na Câmara de Vereadores muito fez para o crescimento institucional da Guarda Municipal enquanto esteve ocupando a cadeira de Vereador.

O Coronel da Reserva do Exército e Comandante da Polícia de Vigilância do Distrito Federal, Adhemar Rivermar de Almeida, gostava de supervisionar pessoalmente as unidades da instituição nos bairros.

O então Comandante da corporação valorizou muito a Equipe de Choque que era um serviço muito respeitado dentro e fora da Guarda Municipal. Essa equipe se transformou em um efetivo de elite que era composto por cento e vinte guardas municipais divididos em três turmas e cada uma com uma jornada de trabalho de vinte quatro horas de labor por quarenta e oito horas de descanso. A preparação física era intensa e pré-requisito para estar no Pelotão de Choque.

Destacamos que vários integrantes do Pelotão de Choque da Guarda Municipal faziam parte de programas de televisão que eram chamados de "Tele Catch" (programa de Luta Livre dentro de um ringue) e tornaram-se grandes atrações.

O Pelotão de Choque passou a ser orgulho da corporação e serviço de incentivo para que os integrantes da instituição melhorassem seus condicionamentos físicos e técnicos.

A instituição era demandada para empregar o Pelotão de Choque nas ações de remoções, greves, ações de emergência e apoio aos demais órgãos de segurança pública.

Adhemar de Almeida fazia muito bem o marketing institucional trazendo a imprensa para entender o quão era preciso valorizar a corporação com o fito de ela atender mais e melhor a sociedade e isso implicava também em aumentar o contingente da Guarda Municipal que para os cálculos da época deveria possuir quinze mil agentes garantidores da lei e da ordem e este número estava muito aquém.

O marketing institucional foi bem sucedido e em 7 de dezembro de 1956, quando o Jornal "O Globo" descreveu as deficiências da Polícia de Vigilância do Distrito Federal.

Com a confiança conquistada na corporação o Prefeito Negrão de Lima em fevereiro de 1957, determina que a **Polícia Municipal** efetuasse o policiamento preventivo dos bailes do Teatro Municipal nos festejos e carnaval atuando em conjunto com as demais polícias.

É necessário registrar que na gestão do Alcaide Negrão de Lima, a instituição pioneira em segurança pública no país também foi batizada de Guarda Civil do Estado da Guanabara. O registro é importante para mostrar que a

Guarda Municipal teve várias nomenclaturas através de sua importante historicidade no cenário nacional.

Em outubro de 1958, o marketing institucional funciona mais uma vez bem na mídia e as manchetes dos jornais dão ênfase à mudança de uniforme que em pleno verão carioca passou a ter um uniforme mais leve e de mangas curtas o que foi aprovado de imediato pela corporação.

A mudança se deu porque durante um estágio nos Estados Unidos da América, o Comandante da instituição observou que lá se usava uniformes de mangas curtas e essa medida foi adotada na corporação e posteriormente as Forças Armadas incentivadas pela ótima ideia mudaram sua indumentária.

No desfile cívico de 7 de setembro de 1959, a Guarda Municipal compôs efetivo junto ao policiamento do I Exército e neste desfile a Banda de Música da Cidade do Rio de Janeiro que pertencia a Guarda Municipal, ficou incumbida de executar o Hino Nacional quando da chegada do então Presidente Juscelino Kubtscheck. A presença da instituição foi tão marcante durante o desfile que o General de Brigada e Chefe do I Exército, Orlando Geisel, agradeceu através do ofício nº 2331-CP2552.

Ao assumir o cargo de Governador Carlos Lacerda, exonera Adhemar de Almeida e no dia destinado a transmissão de comando para o Tenente Coronel Gervásio Deschamps Pinto, ao se dirigir para a Sede da Guarda Municipal, Adhemar de Almeida é surpreendido por um grande número de guardas municipais que por iniciativa própria se colocaram ao longo das ruas que levariam o ex-comandante para a sede da corporação lhe prestando uma homenagem gratificante.

A metamorfose policial com a ida da Capital Federal para Brasília

Em 1960, a capital foi transferida para Brasília, recém-inaugurada, e o político Carlos Lacerda assume o governo do Estado da Guanabara nomeando o Coronel da reserva Gervásio Deschamps Pinto para ser o Diretor da

Polícia de Vigilância do Estado da Guanabara. Nesse período o Rio de Janeiro sofre grandes mudanças, mas a instituição pioneira em segurança pública no país manteve o efetivo, os uniformes bem como a sua estrutura organizacional.

Carlos Lacerda sugeriu que os guardas municipais mais antigos se aposentassem, visto que com essa decisão eles ganhariam seus direitos trabalhistas e indenizações, com essa proposta vigorando muitos agentes garantidores da lei e da ordem optaram pela aposentadoria e os que permaneceram na corporação integraram a Polícia de Vigilância da Guanabara.

Gervásio Deschamps, foi o primeiro a comandar a Polícia de Vigilância do então criado Estado da Guanabara que estava sob a gestão do Governador Carlos Lacerda.

Figura 40 - Foto ilustrativa retirada do Salão Nobre da Guarda Municipal da Cidade do Rio de Janeiro

Deschamps, assim que assumiu o comando comprou novas viaturas, renovou o armamento, adquiriu uniformes novos seguindo o modelo na **cor cinza chumbo da antiga indumentária** e estas medidas administrativas deram uma nova perspectiva institucional. Era também um incentivador e valorizador do desenvolvimento de atividades físicas executadas pelos guardas municipais e que acarretou em muitos títulos esportivos conquistados.

Apresento a ilustração de uma reunião de representantes do governo com membros da Polícia de Vigilância do Distrito Federal.

Figura 41 - Foto ilustrativa extraída da mostra fotográfica Vinte e Muitos anos de História

Com o histórico operacional, Deschamps, elaborou e fez executar um planejamento de segurança pública para os bairros da Lagoa, Copacabana, Tijuca, Madureira e Barra da Tijuca e também elaborou o projeto que permitiu a criação do Salvamar onde o Policial Municipal faria a segurança pública na orla marítima e os Bombeiros auxiliariam dando cobertura na areia.

Carlos Lacerda montou uma estratégia para criar uma polícia de sua inteira confiança e no período de quatro anos o objetivo é conseguido, pois em agosto de 1964, ele cria a Força Policial do Estado da Guanabara e extingue a Guarda Municipal.

Ao sair da Polícia de Vigilância, Gervásio Deschamps, foi comandar o Setor de Segurança do antigo Departamento de Segurança da Estrada de Ferro da Central do Brasil, foi Delegado da Superintendência Nacional de Abastecimento na Guanabara e chefiou a Seção de Informações e Contrainformações do Ministério da Justiça a partir de 1967.

O último gestor da Guarda Municipal antes da Revolução Militar de 1964

Às 15h30min do dia 8 de maio de 1964, assume o último Diretor da Guarda Municipal da Cidade do Rio de Janeiro, o General Fernando Vasconcelos Cavalcante de Albuquerque que foi empossado pelo Secretário de Segurança Pública do Estado da Guanabara, Coronel Gustavo Borges.

Fernando Vasconcelos Cavalcante de Albuquerque, antes de comandar a Guarda Municipal chefiava o Centro de Controle e Segurança que era responsável pelo serviço de radiopatrulha de todo o Estado.

Figura 42 - Foto ilustrativa retirada do Salão Nobre da Guarda Municipal da Cidade do Rio de Janeiro

Março de 1964 foi um mês de atribulações para o país e particularmente para o Estado da Guanabara que respirava a possibilidade de um golpe militar que aquela altura já era dado como certo e que veio a ser consumado no dia 31, data da revolução militar de 1964 (início da Ditadura Militar).

Ao assumir seu posto, o comandante da instituição juntamente com setenta fiscais e três mil guardas municipais executaram tarefas árduas, efetuando o policiamento preventivo em toda área do Estado e a qualquer anormalidade observada o comando deveria tomar providências rápidas e eficientes.

Contando com a colaboração do Secretário de Administração, Doutor Pires Leal e do Diretor da Divisão de Classificação de Cargos, Professor Fontainha, o Diretor da Guarda Municipal, Fernando Vasconcelos Cavalcante de Albuquerque, conseguiu o acesso de mais de novecentos guardas municipais à carreira de Fiscal e de 32 fiscais ao cargo de Oficial de Vigilância, sendo assim, resolvido o defasado número de efetivo que vivia a corporação para atender as demandas que ora crescia em demasia.

É importante destacar que os músicos da Guarda Municipal que integravam a Banda da Cidade do Rio de Janeiro, não foram esquecidos pelo comando da instituição que conseguiu um aumento nos seus níveis de vencimentos e ainda que a gratificação de risco de vida cujo pagamento estava interrompido foi integralmente restabelecido.

Na gestão do último comando da Guarda Municipal a corporação mudou sua sede que ficava no prédio da Rua Mem de Sá nº 163, que pegou fogo só restando os fundos da edificação que dava para a Rua do Resende nº 9. Vale registrar que mesmo antes do incidente, o comando da instituição já planejava deixar o prédio que não comportava mais o quantitativo de efetivo.

Abaixo apresentamos a foto do local onde ficava a sede da Guarda Municipal da Cidade do Rio de Janeiro na Rua Mem de Sá nº 163, local próximo à Praça da Cruz Vermelha - Centro da Cidade.

Figura 43 - Foto cedida pelo Subinspetor GM Carlos Henrique Sacramento dos Santos – GMRIO

Diante do exposto, o Comandante da Guarda Municipal transfere a instituição que passa a ocupar o prédio do Ponto Zero em Benfica, local que funcionava o Departamento de Trânsito do Estado da Guanabara. Assim que a instituição foi instalada no local, o General Fernando determinou uma plena reforma visando comportar o mais confortavelmente possível o efetivo para que o ambiente de trabalho estivesse adequado com vistas ao melhor desempenho funcional.

A seguir segue foto recente da edificação do Ponto Zero (Cadeia Pública José Frederico Marques) no bairro de Benfica, Zona Norte do Rio de Janeiro.

Figura 44 - Fonte: Wikipedia

Registramos ainda o relato de Paulo Sérgio Baptista de Melo, filho do integrante da Polícia de Vigilância, Paulo Roberto de Mello que laborou na segurança prisional do Presídio da Ilha Grande (Colônia Penal Cândido Mendes - edificação inaugurada em 1903 e desativada em 1994) por um período e depois integrou ao serviço de rádio patrulha desempenhando suas atribuições nos bairros da Zona Sul e Centro da Cidade.

É salutar informar que Paulo Roberto de Mello, integrante da Polícia de Vigilância que após a Revolução Militar de 1964 foi incorporado na Polícia Civil do Estado do Rio de Janeiro, foi um grande incentivador para que este signatário retornasse aos bancos escolares e lembro bem que todas as vezes que o visitava na sua residência no Bairro de Rocha Miranda, Zona Norte do Município, ele me perguntava se já havia feito a inscrição na faculdade e dizia que só estar no serviço público municipal não bastava que eu deveria estudar cada vez mais buscando a melhoria funcional e a aquisição de conhecimento. São ensinamentos que carrego comigo e sou muito grato pela preocupação no meu crescimento pessoal e institucional do saudoso **policial municipal** e policial civil Paulo Roberto de Mello, que sua família chamava carinhosamente de "Universo".

Na sequência apresentamos a foto do **policial municipal** e policial civil Paulo Roberto de Mello, da viatura que ele efetuava o policiamento com dois companheiros de labor e de sua apólice de Pecúlio Facultativo do Instituto de Previdência do Estado da Guanabara, cujo emblema central do documento é o brasão do Município do Rio de Janeiro e a foto do Presídio da Ilha Grande.

Figura 45 - Fonte: Foto cedida por Paulo Sérgio Baptista de Mello

Figura 46 - Fonte: Foto cedida por Paulo Sérgio Baptista de Mello

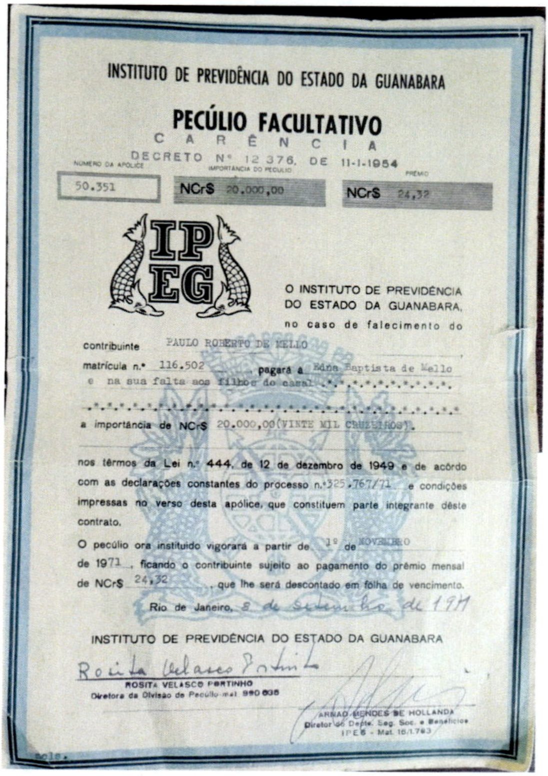

INSTITUTO DE PREVIDÊNCIA DO ESTADO DA GUANABARA

PECÚLIO FACULTATIVO

C A R Ê N C I A

DECRETO Nº 12 376, DE 11-1-1954

NÚMERO DA APÓLICE	IMPORTÂNCIA DO PECÚLIO	PRÊMIO
50.351	NCr$ 20.000,00	NCr$ 24,32

IPEG

O INSTITUTO DE PREVIDÊNCIA DO ESTADO DA GUANABARA, no caso de falecimento do contribuinte PAULO ROBERTO DE MELLO, matrícula n.º 116.502, pagará a Edna Baptista de Mello e na sua falta aos filhos do casal .*.*.*.*.*.*.*.*.*.

a importância de NCr$ 20.000,00(VINTE MIL CRUZEIROS).

nos têrmos da Lei n.º 444, de 12 de dezembro de 1949 e de acôrdo com as declarações constantes do processo n.º325.767/71 e condições impressas no verso desta apólice, que constituem parte integrante dêste contrato.

O pecúlio ora instituido vigorará a partir de 1º de NOVEMBRO de 1971, ficando o contribuinte sujeito ao pagamento do prêmio mensal de NCr$ 24,32, que lhe será descontado em fôlha de vencimento.

Rio de Janeiro, 8 de setembro de 1971

INSTITUTO DE PREVIDÊNCIA DO ESTADO DA GUANABARA

Rosita Velasco Portinho
ROSITA VELASCO PORTINHO
Diretora da Divisão de Pecúlio-mat. 990 636

ARNAD MENDES DE HOLLANDA
Diretor do Depto. Seg. Soc. e Benefícios
IPEG - Mat. 15/1.793

mcls.

Figura 47 - Fonte: foto cedida por Paulo Sérgio Baptista de Mello

O General Fernando Vasconcelos Cavalcante de Albuquerque, último Comandante da Guarda Municipal antes da Revolução Militar de 1964 (Ditadura Militar) e o primeiro Diretor Geral da Força Policial criada pelo Governador Carlos Lacerda na Lei nº 561/1964 e instituída através do Decreto nº 347/1965. Após dois anos e no Boletim Oficial nº 721 de 18 de abril de 1967, o então Decreto nº 834, do Governador Francisco Negrão de Lima regulamenta a subordinação de órgãos da Secretaria de Segurança Pública, reorganiza a Polícia Militar do Estado e extingue as guardas municipais que foram incorporadas à Polícia Civil.

A população e sua segurança plena sempre foi e será uma constante nesta instituição quase ducentenária e para que isso se concretize com mais eficiência, eficácia e efetividade, os agentes encarregados da aplicação da lei e da ordem desta cidade que outrora foi o berço da Monarquia e capital da República, devem conhecer com afinco sua história bem como sua importância no cenário da segurança pública e soberania nacional.

Considerações Finais

A historicidade da Guarda Municipal da Cidade do Rio de Janeiro, sendo uma instituição quase bicentenária, acaba se confundindo com a própria história da construção deste país de dimensões continentais e ao longo desses quase duzentos anos, em diversos momentos essa "força que sempre foi armada e de segurança pública" se destacou vindo a dar origem a novas instituições bem como sofreu muitas mudanças de nomenclatura de acordo com o momento político vigente e neste caso especifico (obra escrita) retratamos o período entre 1934 até 1967.

Dado a missão principal de promover o bem social, a corporação sempre esteve diretamente vinculada a sua comunidade, sendo um reflexo dos anseios desta população citadina.

É interessante observar a participação da corporação de forma ativa em todos os movimentos políticos e sociais sempre buscando estar ladeado com as vontades e anseios da população mesmo estando durante muito tempo sob o comando das forças armadas e em especial ao Exército, porém, a Guarda Municipal permaneceu fiel ao juramento transcrito na certidão de nascimento da Guarda Municipal da Cidade do Rio de Janeiro como consta no Decreto Imperial de 14 de junho de 1831 que diz: "**Juro sustentar a Constituição, e as Leis, e ser obediente às autoridades constituídas, cumprindo as ordens legaes que me forem communicadas para segurança publica e particular, fazendo os esforços, que me forem possíveis, para separar tumultos, terminar**

rixas, e prender criminosos em flagrante; participando, como me incumbe, immediatamente que chegarem ao meu conhecimento, todos os factos criminosos, ou projectos de perpetração de crime". (Guarda Municipal do Rio de Janeiro para o Brasil, pág.16)

Infere que desde o período imperial a Guarda Municipal da Cidade do Rio de Janeiro atua de forma plena na segurança pública dessa urbe e sempre esteve ladeada com seus munícipes e visitantes. Essa participação ativa foi reconhecida pela sociedade da época a ponto de requisitar a presença constante da instituição em diversos bairros por conta da insegurança pública que volta a nos atormentar na contemporaneidade.

Outro dado importante exposto foi a constatação que já na década de 50 a instituição pioneira em segurança pública no país, deveria possuir quinze mil agentes garantidores da lei e da ordem para efetuar a segurança pública em todo Município visando proporcionar a percepção de segurança que a sociedade sempre almejava.

Produzindo uma escrita constante, peculiar, agregadora e producente, conclamamos: "São os guardas municipais que devem proclamar / declamar para a sociedade suas atribuições, prerrogativas, competências e principalmente apresentar de forma redundante e constante sua historicidade bem como a importância crucial da corporação na manutenção da paz social que tradicionalmente a instituição busca produzir durante cento e noventa e três anos de existência."

É o guarda municipal, o profissional da segurança pública municipal - **polícia municipal**, sim **policial municipal** que utiliza essa nomenclatura desde 1840 ***(A Lei nº105 de 12 de maio de 1840 em seu art.1º, cria a Polícia Municipal na Província do Rio de Janeiro, conforme Registro na Secretaria de Estado dos Negócios do Império folha 78 v. do Liv. 7. de Leis, Alvarás, e Cartas, datado de 20 de Maio de 1840 e publicado na Coleção de Leis do Império do Brasil – 1840, página 5, Vol. 1 pt.)*** e nesta obra literária apresentamos mais um período historiográfico que a Guarda Municipal da Cidade do Rio de Janeiro mais uma vez utilizando de seu peculiar pioneirismo faz uso dessa terminologia **"Polícia Municipal"** que muitos doutrinadores, parlamentares, juízes, membros de outras instituições de segurança pública, estudiosos e afins casmurra em proferir que a corporação não pode fazer uso do que sempre a pertenceu de fato e de direito.

Destacamos ainda que a terminologia **"Polícia Municipal"** está alicerçada e ancorada como pertencente às Guardas Municipais pelo Instituto Brasileiro de Geografia e Estatística – IBGE / Comissão Nacional de Classificação – CONCLA / Classificação Nacional de Atividades Econômicas – CNAE que é o instrumento de padronização nacional através dos códigos de atividades econômicas e dos critérios de enquadramento utilizados pelos diversos órgãos Administração Tributária do país.

A seguir segue a foto ilustrativa apresentando que as Guardas Municipais são órgãos de segurança pública ancorado pelo CNPJ da instituição e CNAE nº 8424-8/00, codificação específica para todos os órgãos de segurança pública registrado pelo IBGE e que também faz constar na Receita Federal para fins de fiscalização tributária, sendo de fácil verificação quando se observa o Cadastro Nacional de Pessoas Jurídicas – CNPJ da corporação e observamos no quadro atividade econômica principal a nomenclatura "segurança e ordem pública".

Abaixo apresentamos o Cadastro Nacional da Pessoa Jurídica da Guarda Municipal da Cidade do Rio de Janeiro – GM RIO. Esta Autarquia Municipal possui o código nº 8424-8-00 (destinado aos órgãos policiais), cuja atividade econômica principal é **segurança e ordem pública**.

REPÚBLICA FEDERATIVA DO BRASIL

CADASTRO NACIONAL DA PESSOA JURÍDICA

NÚMERO DE INSCRIÇÃO
11.239.018/0001-67
MATRIZ

COMPROVANTE DE INSCRIÇÃO E DE SITUAÇÃO CADASTRAL

DATA DE ABERTURA
16/10/2009

NOME EMPRESARIAL
GUARDA MUNICIPAL DA CIDADE DO RIO DE JANEIRO-GM-RIO

TÍTULO DO ESTABELECIMENTO (NOME DE FANTASIA)
GM RIO

CÓDIGO E DESCRIÇÃO DA ATIVIDADE ECONÔMICA PRINCIPAL
84.24-8-00 - Segurança e ordem pública

CÓDIGO E DESCRIÇÃO DAS ATIVIDADES ECONÔMICAS SECUNDÁRIAS
Não informada

CÓDIGO E DESCRIÇÃO DA NATUREZA JURÍDICA
112-0 - AUTARQUIA MUNICIPAL

LOGRADOURO
AV PEDRO II

NÚMERO
111

COMPLEMENTO

CEP
20.941-070

BAIRRO/DISTRITO
SAO CRISTOVAO

MUNICÍPIO
RIO DE JANEIRO

UF
RJ

ENDEREÇO ELETRÔNICO
gm_dc@rio.rj.gov.br

TELEFONE
(21) 3295-5653 / (21) 3295-5663

ENTE FEDERATIVO RESPONSÁVEL (EFR)
MUNICÍPIO DE RIO DE JANEIRO

SITUAÇÃO CADASTRAL
ATIVA

DATA DA SITUAÇÃO CADASTRAL
16/10/2009

MOTIVO DE SITUAÇÃO CADASTRAL

SITUAÇÃO ESPECIAL
****

DATA DA SITUAÇÃO ESPECIAL
****

Figura 48 - Fonte: cnpj.info

Figura 49 - Fonte: IBGE.GOV.BR

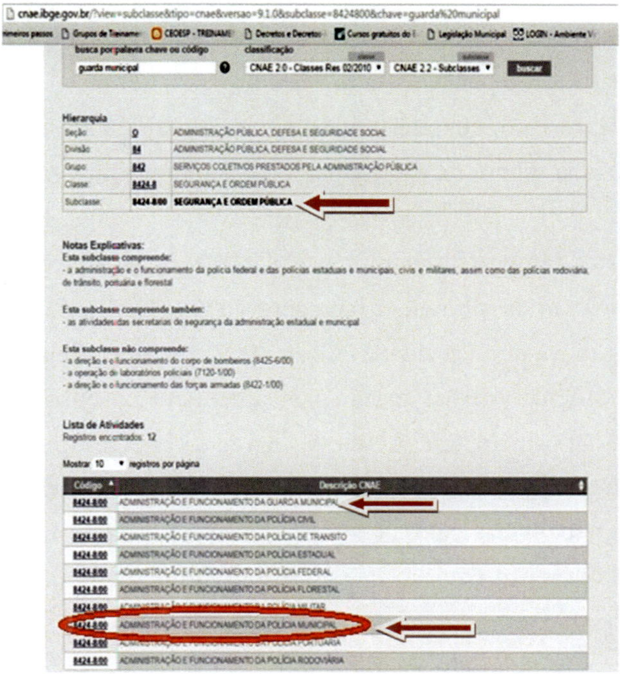

Figura 50 - Fonte: IBGE.GOV.BR

É importante registrar, aproveitando o ensejo que estamos falando de **Polícia Municipal** (vide circulado em vermelho) e consequentemente em segurança pública que a Organização das Nações Unidas – ONU, reconhece as Guardas Municipais como a **Polícia Municipal** do Brasil e isso está alicerçado nos cursos que essa instituição possui e que as Guardas Municipais podem acessar as plataformas dos cursos e de imediato ficam sabendo que são tratados como **policiais municipais** na plenitude e reconhecimento tácito pela ONU bem como pela Associação Internacional de Polícia – IPA, instituição que possui sede em inúmeros países do planeta e que congrega as polícias com natureza civis.

Quando o agente encarregado da aplicação da lei e da ordem não sabe exatamente o que a instituição representa, sua família também não sabe quem é o guarda municipal, e sua família não sabendo deixa de ser um agente multiplicador do que representa uma Guarda Municipal e sua importância para a sociedade bem como para o Estado Membro.

Por outro lado, quando o guarda municipal sabe falar de sua profissão com proficiência diante da sociedade, torna-se um agente garantidor da cidadania.

Nestes tempos de clamor popular e conscientização nacional sobre como faremos um Brasil melhor para geração vindoura, temos o dever de buscar uma segurança pública cidadã cujos seus agentes encarregados da aplicação da lei e da ordem (guardas municipais) interajam na busca de soluções em prol da nação e principalmente que os legisladores e gestores públicos municipais busquem recursos e soluções aplicando-os para o melhor desempenho das ações desenvolvidas pelos agentes públicos não se furtando de preservar a historicidade dessa instituição que contribui em demasia para o crescimento pleno deste país continental chamado Brasil.

Esperamos que este estudo tenha ajudado na divulgação da história brilhante desta corporação de cento e noventa e três anos bem como possa implementar na Guarda Municipal da Cidade do Rio de Janeiro a cultura de preservação da sua riquíssima e importantíssima historicidade que possui atuação direta em todos os momentos marcantes que impactam na vida cotidiana desta megalópole "Cidade Maravilhosa" cuja fama é conhecida por todo Planeta Água chamado Terra.

"Um agente encarregado da aplicação da lei e da ordem que atua com o conhecimento pleno de suas atribuições, prerrogativas, competências e conhece sua historicidade na linha do tempo ao aplicá-la presta relevante serviço para sociedade."

Carlos H. S. dos Santos

Referências Bibliográficas

- CARVALHO, Claudio Frederico de. **"O que você precisa saber sobre Guarda Municipal e nunca teve a quem perguntar".** Curitiba: Edição do Autor, 2005.
- SCHIMIDT, Mário **Nova História Crítica**. SP, 2005 p. 324-325.
- COSTA, Arthur Trindade Maranhão. **Entre a Lei e a Ordem**: Violência e reforma nas polícias do Rio de Janeiro e Nova York. Rio de Janeiro: FGV, 2004.
- PEDROSA, Regina Célia. **Estado autoritário e ideológico policial**. São Paulo: FAPESP, 2005.
- PINTO JUNIOR, Domingos Ventura "et al", **A Polícia do Exército Brasileiro** – Porto Alegre, Gênesis, 2001.
- PINTO JUNIOR, Domingos Ventura. **História da Polícia do Exército** – Porto Alegre, Gênesis, 2001.
- LIMA, Eucy. **Resgatando a Memória da Guarda Municipal da Cidade do Rio de Janeiro** – Rio de Janeiro, 1994.
- EDMUNDO, Luiz. **Rio de Janeiro do Meu Tempo** – Rio de Janeiro, 1987.
- LAMEGO, Alberto Ribeiro. **O Homem e a Guanabara** – Rio de Janeiro, 1948.
- Jornal "Correio da Manhã"
- Jornal "O Globo"
- Arquivo Histórico do Exército
- Arquivo da Cidade
- Museu da Polícia Civil
- Biblioteca da Câmara dos Vereadores
- ROMERO, André**, Instruções Policiais (Para Guardas Rondantes) –** Rio de Janeiro, 1935

- **Vinte e Muitos Anos de História**, Mostra Fotográfica – Rio de Janeiro, 2013
- Ten. Cel. PM Amendola, Paulo César de Souza. **Resgatando a Memória da Guarda Municipal da Cidade do Rio de Janeiro**, 1994.
- Jornais do Rio de Janeiro consultados na Hemeroteca da Biblioteca Nacional.
- LOPES, André Luiz Lacé. **A Capoeiragem no Rio de Janeiro, primeiro ensaio – Sinhozinho e Rudolf Hermanny**. Rio de Janeiro. Editora Europa, 2002.
- SANTOS, Myrian Sepúlveda dos. ***Os porões da república*: a barbárie nas prisões da Ilha Grande, 1894-1945**. Rio de Janeiro: Garamond, 2009.
- Jornais do Rio de Janeiro consultados na Hemeroteca da Biblioteca Nacional.
- NORONHA, Luiz. **Malandros: notícias de um submundo distante. Rio de Janeiro:** RELUME Dumará: Prefeitura – Coleção Arenas do Rio - 12, 2003.
- SILVA, Raul Mendes; CACHAPUZ, Paulo Brandi; LAMARÃO, Sérgio (org.). **Getúlio Vargas e seu tempo.** Rio de Janeiro: BNDES, 2004.
- PETTEZONNI, Sergio. **Rio para não chorar.** Rio de Janeiro: Catau, 1995.

Relação de Imagens

Lista de abreviaturas e siglas

GM RIO	Guarda Municipal da Cidade do Rio de Janeiro
FEB	Força Expedicionária Brasileira
D.L.U	Departamento de Limpeza Urbana
ONU	Organização das Nações Unidas
IPA	Associação Internacional de Polícia
CNAE	Classificação Nacional de Atividades Econômicas
CONCLA	Comissão Nacional de Classificação
CNPJ	Cadastro Nacional de Pessoas Jurídicas

Colaboradores

Guarda Municipal da Cidade do Rio de Janeiro, Luiz Alexandre Santos, matrícula: 854.960-2. **(Idealizador da capa e contra capa do livro)**
Guarda Municipal da Cidade do Rio de Janeiro, Antônio Augusto de Olinda Santos, matrícula: 852.181-7. **(Captação de dados históricos)**
Guarda Municipal da Cidade do Rio de Janeiro, Carlos Henrique Soares Frescurato, matrícula: 852.824-2. **(Captação de dados históricos)**
Paulo Sérgio Baptista de **Mello** **(Captação de dados históricos)**
Gillian Almeida da Costa Relvas dos Santos, matrícula: 856.559-0. **(Captação de dados históricos)**

Sobre o autor

Nascido na Cidade do Rio de Janeiro no bairro de Botafogo, criado em Jacarepaguá / Cidade de Deus. Tendo como referência pai e mãe muito trabalhadores e alicerçadores de uma família humilde e alegre. Neste diapasão foi bem orientado e sempre mantendo sua mente focada na busca por um futuro promissor como objetivo focal.

Casado, pai de um filho de 19 anos.

Integrante da Guarda Municipal da Cidade do Rio de Janeiro desde 1996, hoje ocupando a função de Subinspetor de carreira e atuando como Subcomandante do Grupamento de Operações com Cães da Guarda Municipal da Cidade do Rio de Janeiro. Um guarda municipal sempre em movimento na busca incessante por novos conhecimentos.

Reconhecimento Funcional

- Ao Mérito - 1º Batalhão de Guardas/Ministério do Exército – 1989;
- Destaque do Mês – GM RIO – 2002;
- Moção de Louvor e reconhecimento da Câmara Municipal/RJ – Bons Serviços Prestados à população – 2004;
- Diploma Comemorativo (Medalha Sangue de Heróis) - ASECB – 2007;
- Congratulações enviadas pelo IGGM – GM RIO - 2007;
- Medalha Mérito da Guarda Municipal: 10 anos de serviço – 2008;
- Elogio enviado pelo Batalhão de Operações Policiais Especiais (BOPE-RJ) por colaborar nas ações de aperfeiçoamento daquela unidade policial – 2008 - PMERJ / BOPE;
- Certificado de Agradecimento por ter apoiado na reestruturação da área de treinamento da Policia Ferroviária Federal - 2011;
- Moção de Louvor e reconhecimento da Câmara Municipal/RJ – Bons Serviços Prestados à população – 2011;
  - Certificado de Agradecimento pelas ações desenvolvidas como Sub-

comandante da 1ª IGM - 2011;

- Carta elogio da Associação Comercial do Rio de Janeiro parabenizando pela conclusão do Curso de Observador Militar da ONU – 2012;
- Certificado de Agradecimento por ter sido Instrutor no Curso de Operações Táticas Especiais no Grupamento Tático Operacional da GM de Maricá 2013;
- Diploma de reconhecimento do 2º Grupamento Especial de Praia pelo empenho durante a Operação Verão 2014/2015;
- Carta elogio do Inspetor Regional Elvis da GCM de São José dos Campos/COI parabenizando pela conclusão do Curso de Polícia da ONU/UNIPOL – 2015;
- Certificado de Agradecimento por ter sido Instrutor no 3º Curso de Operações Táticas Especiais no Grupamento Tático Operacional da GM de Maricá 2016;
- Carta elogio individual do Secretário Adjunto de Segurança Pública da Cidade de Maricá parabenizando pela abnegação, profissionalismo, competência e comprometimento nas instruções ministradas no 3º Curso de Operações Táticas Especiais no Grupamento Tático Operacional da GM de Maricá 2016;
- Certificado de Agradecimento por ter ministrado palestra com o tema:
- "Historicidade das Guardas Municipais" no I SEDCSEG – Cruzeiro/SP - 2017;
- Certificado de Agradecimento por ter ministrado a palestra com o tema: "História da GM RIO" para o Grupamento de Ronda Escolar - 2017;
- Certificado de reconhecimento por ter contribuído no fortalecimento e desenvolvimento do Grupamento Tático Móvel da GM RIO - 2017;
- Diploma de Honra ao Mérito por ter compartilhado o conhecimento técnico para o Grupamento Tático Móvel da GM RIO – 2017;
- Certificado de Amigo da Guarda pela colaboração inestimável e irrestrito apoio ao desenvolvimento organizacional da Guarda Municipal de Para-

cambi - 2017;

- Certificado de Amizade pelo trabalho profícuo, busca pelo bem-estar e segurança da sociedade - Conselho Comunitário de Segurança Pública do Centro Histórico e Lapa - 2017;
- Diploma Medalha de Honra ao Mérito das Guardas Municipais do Brasil – Associação Brasileira das Forças Internacionais de Paz – 2017;
- Certificado de Reconhecimento do 2º Grupamento Especial de Praia pela ilibada conduta profissional, agradecimento e relevante dedicação aos serviços prestados ao 2º GEP – 2018;
- Diploma Medalha Cinquentenário das Forças de Paz do Brasil – Associação Brasileira das Forças Internacionais de Paz – 2018;
- Transcrição de elogio efetuado pelo Cônsul Geral do Japão no Rio de Janeiro pela valiosa colaboração e serviço prestado ao Consulado 2018;
- Certificado por ter ministrado a palestra com o tema: “Historicidade das Guardas Municipais” para os discentes do Curso de Capacitação para Atuação em Ocorrências Pertinentes à Perturbação do Sossego 2018;
- Certificado por ter ministrado a palestra com o tema: “Historicidade das Guardas Municipais” para os discentes do Curso de Formação de Guardas Municipais – concurso – 2ª turma 2019;
- Homenagem de Reconhecimento por conquistas e condutas refletindo valores que resultam na capacidade de renovação entregue pela Coordenadoria de Operações Especiais da GM RIO – 2019;
- Certificado de agradecimento por ter ministrado a palestra com o tema: “A vocação das Guardas Municipais para o policiamento orientado para as comunidades locais” no XI Ciclo de Estudos Aplicados em Liderança, Gestão e Comando – UNICESDH – 2021;
- Certificado de agradecimento por ter ministrado a palestra com o tema: “A vocação das Guardas Municipais para o policiamento orientado para as comunidades locais” no Fórum Comemorativo dos 74 anos da Guarda Municipal de Macaé – GMM – 2021.

- Certificado de palestrante com o tema: "Historicidade das Guardas Municipais: Um legado para o Brasil" no 1º Seminário Independente de Guardas Municipais – 2022;
- Medalha Mérito Cultural - Academia Medalhista Cívico Militar do Brasil – Cascavel / PR - 2023;
- Certificado de Membro Fundador da Academia de Letras das Guardas Municipais-ABLAGUAM - Cadeira número 6 que tem como Patrono "Estevão de Almeida Chaves" - São Paulo - 2024;
- Certificado Armamento Institucional das Guardas Municipais - Rio de Janeiro - 2024;
- Certificado do Curso de Adestramento e Operações com Cães – GM RIO / GOC - 2024.
- Certificado de Agradecimento por ter participado como Palestrante/Instrutor do GTM / COTAM - 2024.

Vida Comunitária

Projeto Cidadania – Cidade de Deus – XXXIV A.R – 2000 - (Prefeitura da Cidade do Rio de Janeiro);

Cursos de Graduação, Pós-graduação e Extensão Universitária

- Curso Superior de Gestão de Recursos Humanos (UCB) - 2012;
- Curso de Extensão Universitária em Planejamento e Gestão Municipal de Segurança Pública com Ênfase em Comando de Guardas Municipais (CESDH) - 2013;
- Curso de Extensão Universitária em Prevenção para o Uso de Drogas/ Capacitação para Conselheiros e Lideranças Comunitárias (Universidade Federal de Santa Catarina - UFSC) - 2013;
- Pós-graduado - Especialização em Administração Pública (CEPERJ/ UFRJ) -2015;
- Pós-graduado em Segurança Pública (FAVENE-ES) - 2016;

- Jornalista MTE nº 0038863/RJ – 2017;
- Curso de Extensão Universitária em Sistema para detecção do Uso abusivo e dependência de substâncias Psicoativas: Encaminhamento, intervenção breve, Reinserção social e Acompanhamento, realizado a partir da parceria entre a UNIFESP (Universidade Federal de São Paulo) e a SENAD (Secretaria Nacional de Políticas sobre Drogas) - 2017;
- Curso de Extensão Universitária em Educador Policial, realizado pelo Programa de Educação Policial Continuado – PEPCEX/CEDHS e Faculdades Integradas IPEP - 2017;
- Pós-graduação em História e Cultura Afro-Brasileira (FAVENE-ES) - 2018;
- Pós-graduação em Jornalismo (FAVENE-ES) – 2020;
- Pós-graduação em Ciências Criminais (FAVENE-ES) – 2021;
- Pós-graduando em Inteligência Policial (FAVENE-ES) – 2024;

Atualizações

- 1º Seminário sobre o papel das Guardas Municipais no SUSP – 2004 - (CMRJ);
- XVIII Congresso Nacional das Guardas Municipais – 2007 - Macaé – RJ;
- VI Fórum Nacional de Segurança Pública Municipal - 2007- Macaé – RJ;
- 10º Seminário sobre Criminalidade e o Sistema Penal Brasileiro – 2007 - (IBDC);
- Fórum Ordem Pública – 2008 – CIEDS;
- XX Congresso Nacional das Guardas Municipais – 2010 – Rio de Janeiro – RJ;
- IX Fórum Nacional de Segurança Pública Municipal - 2010 - Rio de Janeiro - RJ;
- Seminário Estratégias de enfrentamento ao Crack – 2011 – SESRJ/ISP;
- III Ciclo de Estudos de Capacitação e Desenvolvimento na Prevenção e Repressão à Contrafação e a Pirataria e Proteção da Propriedade Intelec-

tual – 2013 – IBDC;

- III SEPRIVAP Seminário de Segurança privada do Vale do Paraíba – SP – 2014;
- IV Seminário Regional de Segurança Pública e Guardas Municipais – RJ – 2015;
- Palestra "O Policiamento Comunitário do Japão" – UERJ – 2017;
- Credenciamento de Instrutor da Polícia Federal nas disciplinas (Equipamentos Não Letais 1 e 2), Relações Humanas no Trabalho e Uso Progressivo da Força – 2016;
- Certificado de Registro/CR nº 145465-07 (Caçador, Atirador Desportivo e Colecionador – CAC) – 2021;
- Participação no XI Ciclo de Liderança, Gestão e Comando (CEA-LGC / 20) UNICESDH – 2021;
- Seminário Internacional "Dilemas e Desafios da Política de Segurança Pública Municipal" – GMBH – 2021;
- GMs de Talentos "Manhã de Autógrafo" GM RIO - Rio de Janeiro - 2023;
- Semana Literária Guardas Escritores da GM RIO - Rio de Janeiro - 2023;
- VIII Congresso Nacional das Guardas Municipais / II Encontro de Escritores Guardas Municipais – Barueri / SP - 2023;
- XXXI Congresso Nacional das Guardas Municipais / III Encontro Nacional de Escritores Guardas Municipais - Porto Alegre/RS - 2023;
- IX Congresso Brasileiro de Guardas Municipais – Vinhedo / SP - 2024;
- CONNEX- Conexão de Experiências em Segurança Pública e Prevenção à Violência – Pelotas / RS - 2024;
- Membro Fundador da Academia de Letras das Guardas Municipais--ABLAGUAM - Cadeira número 6 que tem como Patrono "Estevão de Almeida Chaves" - São Paulo - 2024;

Instrução / Tutoria / Palestra

- Instrução/Demonstração das formações de Ações de Controle de Distúrbios Civis para todo o 1ª Batalhão de Polícia do Exército – 2003 – Exército Brasileiro;
- Instrutor da 2ª e 3ª turma do Curso de Técnicas e Táticas Especiais na disciplina: Ordem Unida, Ações de Controle Urbano, Ações de Controle de Distúrbios Civis, Técnicas Avançadas de Condução de Presos, Equipe e Formação Tática de Imobilização, Conduta de Patrulha em Grandes Centros e Técnicas Operacionais, ministrado para os integrantes do 1º Grupo Especial/Grupo de Ações Especiais – 2007 – GM RIO;
- Instrução/Demonstração das formações de Ações de Controle de Distúrbios Civis no XVIII Congresso Nacional das Guardas Municipais e do VI Fórum Nacional de Segurança Pública Municipal realizado em Macaé-RJ / setembro de 2007.
- Instrutor da 1ª e 2ª turma do Estágio de Ações de Controle Urbano nas disciplinas: Instrução Básica, Ações de Controle Urbano, Ações de Controle de Distúrbios Civis e Técnicas Operacionais, ministrado para Inspetores, Subinspetores, Líderes, Guardas Municipais 2ª classe e 1ª classe da GM RIO – 2007 / 2008 – GM RIO;
- Participação e Colaboração do Curso COESP / 2008 do Batalhão de Operações Policias Especiais (BOPE-RJ) na disciplina Combate Corpo a Corpo – 2008 – PMERJ / BOPE;
- Participação na Reestruturação da Área de Treinamento (Tiro, Defesa Pessoal, Educação Física e Futuro Heliporto) – 2011 - Polícia Ferroviária Federal – RJ;
- Idealizador / Instrutor do Método Recurso de Defesa Operacional / RDO - 2009 - RDO;

• Classificado pela SENASP para ser multiplicador na disciplina: Segurança de Praças Desportivas e de Aglomerações e Grandes Públicos (com vistas a Jornada Mundial da Juventude, Copa de 2014 e Olimpíadas)

– 2012 – SENASP / GMRIO;

- Idealizador / Instrutor de Ações desenvolvidas pela 1ª IGM/GM RIO, contribuindo para melhoria da qualidade de vida em nossa cidade - 2012;
- Instrução de Recurso de Defesa Operacional para o efetivo do Grupo Tático Operacional da Guarda Municipal do Município de Maricá - RJ / setembro 2013;
- Instrução de Recurso de Defesa Operacional no 3º Curso de Operações Táticas Especiais / COTE para o efetivo do Grupo Tático Operacional da Guarda Municipal do Município de Maricá - RJ - 2016;
- Instrução de Ações de Controle de Distúrbios Sociais para o efetivo do Grupamento Tático Móvel da GM RIO 2017;
- Instrução de Manuseio, Manutenção e aplicabilidade da Pistola de Condutividade Elétrica e Espargidores de OC / CS para todo efetivo do 2º Grupamento Especial de Praia e Marítimo – 2018;
- Palestrante da matéria **"Poder de Polícia das Guardas Municipais"** no Seminário de Segurança Privada do Vale do Paraíba-SP / março 2014;
- Palestra com o tema: **"Equipamentos Não Letais e sua Aplicabilidade"** no Curso de Instrutor de Tiro Desportivo – CTCB – Barueri / SP – 2016;
- Palestra com o tema: **"Equipamentos Não Letais e sua Aplicabilidade"** no Curso de Instrutor de Armamento e Tiro – CS3 – Embu Guaçu / SP – 2016;
- Palestra com o tema: **"Historicidade das Guardas Municipais"** no 1º SEDCSEG – Cruzeiro / SP – 2017;
- Palestra com o tema: **"História da GM RIO"** para o efetivo da Ronda Escolar da GMRIO – 2017;
- Palestra com o tema: **"Historicidade das Guardas Municipais"** para o efetivo do Grupamento Tático Móvel da GMRIO – 2017;
- Palestra com o tema: **"A GM do Rio de Janeiro na linha do tempo"** no Mini Fórum de Segurança Pública realizado pelo Conselho Comunitário de Segurança do Centro Histórico e Lapa – 2017;

- Palestra com o tema: **"Historicidade das Guardas Municipais"** para o efetivo do 1º e 2º Grupamento Especial de Praia da GM RIO – 2017;
- Palestra com o tema: **"Polícia Municipal: da Inglaterra para o planeta Terra"** no II Fórum de Segurança Pública realizado pelo Conselho Comunitário de Segurança do Centro Histórico e Lapa no auditório da GM RIO – 2018;
- Palestra com o tema: **"Historicidade das Guardas Municipais"** para os guardas municipais que participaram do Curso "um toque especial no olhar do cidadão" na Academia da GM RIO – 2018 / 2019;
- Palestra com o tema: **"Historicidade das Guardas Municipais"** para os guardas municipais que participaram do Curso "Perturbação do Sossego" ministrado pela Academia da GM RIO – 2018 / 2019;
- Palestra com o tema: **"Historicidade das Guardas Municipais"** para os alunos do Curso de Formação da GM RIO, ministrado pela Academia da GM RIO – 2019;
- Palestra com o tema: **"Guarda Municipal da Cidade do Rio de Janeiro derrubando o muro invisível"** para o evento III Fórum sobre a Guarda Municipal – CCS / 5ª AISP Centro Histórico / Lapa – 2019;
- Palestra com o tema: **"Historicidade das Guardas Municipais"** para o Curso de Ambientação dos Servidores Administrativos da GM RIO – 2020;
- Palestra com o tema: **"A vocação das Guardas Municipais para o policiamento orientado para as comunidades locais"** no XI Ciclo de Estudos Aplicados em Liderança, Gestão e Comando na UNICESDH – 2021;
- Palestra com o tema: **"A vocação das Guardas Municipais para o policiamento orientado para as comunidades locais"** no Fórum Comemorativo dos 74 anos da GMM – 2021;
- Palestra com o tema: **"Historicidade das Guardas Municipais: Um legado para o Brasil"** no 1º Seminário Independente de Guardas Municipais – 2022;

- Palestra com o tema: **"Polícia Municipal: da gênese ao seu ápice na Guarda Municipal da Cidade do Rio de Janeiro"** no IV Fórum sobre a Guarda Municipal – CCS / 5ª AISP Centro Histórico / Lapa – 2022;
- Palestra com o tema: **"Diáspora Carioca"** no CIEP Brigadeiro Sérgio Carvalho - Campo Grande / RJ - 2023;
- Painelista com o tema: **"Histórico das Guardas Municipais"** na CON-NEX - Conexão de Experiências em Segurança Pública e prevenção à Violência - Pelotas / RS - 2024;
- Palestrante com o tema: **"Armamento Institucional das Guardas Municipais"** - Rio de Janeiro - 2024;
- Palestra / Instrução com o tema: **"Guarda Municipal do Rio de Janeiro para o Brasil"** no Grupamento Tático Móvel / COTAM - Rio de Janeiro - 2024.

Cursos / Especializações

- Curso de Capacitação para Agente da Guarda Municipal (GM RIO) - 1996;
- Curso de Técnicas de Almoxarifado (SENAC / RJ) - 1997;
- Curso Módulo de Emergências Pré-hospitalar I (ANATEM) - 2000;
- Curso Aperfeiçoamento de Guardas Municipais (SENAI-RJ) - 2000;
- Curso Princípio do Uso Eficiente de Energia (SENAI-RJ) - 2002;
- Curso de Ações de Controle Urbano (GM RIO) 2002;
- Curso de Montagem e Configuração de Microcomputador – PENTÁGONO - 2003;
- Curso de Formação para Guarda Municipal 3ª classe (GM RIO) 2003;
- Curso de Graduação faixa azul / Jiu-Jitsu Equipe Nova União - 2003;
- Curso de Aperfeiçoamento Profissional de GM3 (GM RIO) - 2005;
- Curso de Imobilizações Táticas (C.A.T.I) 2006;
- Curso de Busca em Floresta Urbana (UN.MONT. - RJ) - 2006;
- Curso de Formação para GM4/Subinspetor (GM RIO) - 2007;
- Curso de Graduação faixa azul em Jiu-Jitsu pela (GM RIO / 1º GE/

GAE) - 2007;

- Curso Intensivo de Técnicas e Táticas Especiais (GM RIO / 1º GE/ GAE) - 2007;
- Curso de Isolamento e Prevenção ao Local de Crime (SENASP) - 2008;
- Curso de Operações Táticas em Combate com Facas (C.E.T.T.A.) - 2008;
- Curso de Sistema e Gestão em Segurança Pública (SENASP) - 2008;
- Curso de Uso Progressivo da Força (SENASP) - 2008;
- Curso de Intervenção em Emergência com Produtos Perigosos (SENASP) - 2008;
- Curso de Sistema de Comando de Incidentes (SENASP) - 2009;
- Curso de Técnicas / Tecnologias Não Letais de Atuação Policial (SENASP) - 2009;
- Curso de Uso Progressivo da Força e Tecnologias Não Letais de Atuação Policial (SENASP) - 2009;
- Curso de Direitos Humanos (SENASP) - 2009;
- Curso de Termo Circunstanciado (SENASP) - 2009;
- Curso de graduação na faixa azul de Luta Livre (FLLSERJ) - 2009;
- Curso de Gerenciamento de Crise (SENASP) - 2010;
- Curso de Tonfa Tática (PR-24) (ISA BRASIL) - 2010;
- Consulta Nacional aos Agentes de Segurança Pública (SENASP) - 2010;
- Curso de Aspectos Jurídicos de Abordagem Policial (SENASP) - 2010;
- Curso de Integração das Normas Internacionais de Direitos Humanos na Área de Segurança Pública (SENASP) - 2010;
- Curso Básico de Trânsito (GM RIO) - 2010;
- Curso de Atualização Permanente de Práticas Operacionais – GMRIO - 2010;
- Curso de Recurso de Defesa Operacional – RDO – 2010;
- Curso de Polícia Comunitária (SENASP) - 2011;
- Curso de Ações de Controle de Armas (SENASP) - 2011;

- Curso de Ocorrências Envolvendo Bombas e Explosivos (SENASP) - 2011;
- Curso de Pistola Taser modelo M26 - 2011;
- Curso de uso Diferenciado da Força (SENASP) - 2012;
- Curso de Formação de Formadores (SENASP) - 2012;
- Curso de Integração das Normas Internacionais de Direitos Humanos na Área de Segurança Pública e Formação de Formadores (SENASP) - 2012;
- Curso Padrão Desempenho/Alta Performance em Execução "Escola de Líderes" (GMRIO) - 2012;
- Curso Filosofia dos Direitos Humanos Aplicados à Atuação Policial (SENASP) - 2012;
- Curso de Observador Militar das Nações Unidas, sob o número: 435684594 (Instituto de Treinamento de Operações de Paz) - 2012;
- Curso de Inglês 1 (SENASP) - 2012;
- Curso de Planejamento Estratégico (SENASP) – 2013;
- Curso de Gestão de Projetos (SENASP) – 2013;
- Curso de Segurança Contra Incêndio (SENASP) – 2013;
- Curso de Prevenção para o Uso de Drogas/Capacitação para Conselheiros e Lideranças Comunitárias (Universidade Federal de Santa Catarina – UFSC) – 2013;
- 1º Curso de Inteligência Correcional / 2ª turma (GM RIO) – 2013;
- Curso em Planejamento e Gestão Municipal de Segurança Pública – com Ênfase em Comando de Guardas Municipais (CESDH) – 2013;
- Curso de Condutores de Veículos de Emergência (SENASP) – 2015;
- Curso de Polícia das Nações Unidas, sob o número: 203797512 (Instituto de Treinamento de Operações de Paz) – 2015;
- Curso de Tiro (CIATA Tática Forte) – 2015;
- Curso de Instrutor/Multiplicador de Tecnologia Não Letal – T – IMPO (CONDOR tecnologias não letais) – 2015;
- Curso de Busca e Resgate em Estruturas Colapsadas (SENASP) – 2016;

- Curso Comandando Operações de Manutenção de Paz das Nações Unidas, sob o número: 373256663 (Instituto de Treinamento de Operações de Paz) – 2016;
- Curso de Espanhol Básico (GM RIO) – 2016;
- Curso de Instrutor de Armamento e Tiro (CS3) – 2016;
- Curso de Instrutor de Armamento e Tiro (CBTC) – 2016;
- Curso de Redação Técnica (SENASP) – 2016;
- Curso de Formação de Formadores (GM RIO) – 2016;
- Curso de Identificação Veicular I (SENASP) – 2016;
- Curso de Identificação de Armas de Fogo (SENASP) – 2016;
- Curso de Recarga de Munições para Armas de Fogo (CATE VALENTI) – 2017;
- Curso de Emergência Pré-hospitalar 1 - VA – (SENASP) – 2017;
- Curso de Mediação de Conflitos VA - (SENASP) – 2017;
- Curso de Metodologia da Pesquisa Científica - (SENASP) – 2017;
- Curso de Educador Policial – IPEP / CEDSH – 2017;
- Curso de Capacitação em Procedimentos Apuratórios para Gestores da GMRIO – 2017;
- Curso de Extensão Universitária em Educador Policial – IPEP / CEDSH – 2017;
- Curso de Políticas Públicas de Segurança Pública - (SENASP) – 2018:
- Curso de Instrutor com Tecnologias Não Letais / Atualização (CONDOR) – 2018;
- Curso de Formação de Formadores (GMRio) – 2018;
- Curso de Instrutor de Técnicas Operacionais Policiais (CS3) – 2019;
- Treinamento de Gestores para Ocorrências Pertinentes à Perturbação do Sossego (GM RIO) - 2019;
- Treinamento de Gestores sobre Animais Abandonados (GM RIO) - 2019;
- Curso de Noções de Administração Pública – Parte I (GM RIO) – 2020;
- Treinamento sobre Registro de Ocorrência – TRO (GM RIO) – 2020;

- Curso de Técnicas e Táticas para Confronto Armado (TEES BRAZIL) – 2020;
- Curso de Capacitação Tecnológica do SIRE – Perfil Básico (GM RIO) – 2021;
- Curso de Capacitação Tecnológica do SIRE – Perfil Gestor (GM RIO) – 2021;
- Treinamento sobre Relatório Digital no Portal do Sistema 2.0 (GM RIO) – 2021;
- Curso de Formação em Mecânico de Armas (CS3) – 2021;
- Curso de Administração de Conflitos e Negociação (FAVENI) – 2021;
- Curso de Didática para Instrutores de Formação de Vigilantes (Academia Nacional de Polícia) 2022;
- Curso Aplicativo Autua (GM RIO) – 2023;
- Curso de Adestramento e Operações com Cães (GM RIO) - 2024.

Trabalhos Publicados

- Guarda Municipal Realidade Sem Utopia – Parte I e II – Blog "Os Municipais" – 2011;
- Segurança Pública e as Contradições de seus Órgãos – Blog "Recursos de Defesa Operacional" – 2011;
- Instituição que se Reergue X Problemas Recorrentes – Blog "Recursos de Defesa Operacional" – 2013;
- Segurança Pública e o Poder de Polícia da Guarda Municipal – Blog "Recursos de Defesa Operacional" – 2013;
- Municipalização da Segurança Pública com a Inclusão das Guardas Municipais – Blog "Recursos de Defesa Operacional" – 2013;
- Descaso com a Ducentenária Guarda Municipal – Blog "Recursos de Defesa Operacional" – 2013;
- Guardas Municipais: Resistência ou Inovação? – Blog "Recursos de Defesa Operacional" – 2013;

- Guardas Municipais podem notificar infrações de trânsito? Blog "Abordagem Policial" – 2013.
- Os Municípios e a importância das Guardas Municipais – Revista Ponto de Vista CESDH – 2021;
- A furtividade dos "Direitos Humanos" para os agentes encarregados da aplicação da lei e da ordem - Revista Ponto de Vista CESDH – 2021;
- Classificação Brasileira de Ocupação, a égide das Guardas Municipais - Revista Ponto de Vista CESDH – 2021;
- A gestão pública e a previsibilidade de futuro no Brasil - Jornal "O Patrono News" - 2024.

Livros publicados

* "Guarda Municipal do Rio de Janeiro para o Brasil." Publicado pela Editora Ciência Moderna – 2023.

* "Segurança Pública: Direitos Humanos, Violência e Cidadania." Publicado pela Encantos Editorial - 2024

ANOTAÇÕES

Impressão e acabamento
Gráfica da Editora Ciência Moderna Ltda.
Tel: (21) 2201-6662